サクサク
わかる!
超 入 門
中小企業再編
の
税務

公認会計士・税理士
佐藤信祐 著

清文社

改訂版刊行にあたって

　本書の初版は、2019 年 6 月に、中小企業における組織再編の税務について、「司法試験や会計士試験の勉強をしたことすらない法学部の 3 年生でも理解できるレベル」を想定したわかりやすい解説書をめざして出版しました。

　その後、2019 年度会社法改正において、株式交付の制度が導入されるとともに、2020 年度税制改正において、連結納税制度からグループ通算制度に移行することになりました。株式交付の制度は 2021 年 3 月 1 日から施行され、グループ通算制度は 2022 年 4 月 1 日以後開始する事業年度から施行されます。

　改訂版では、そのような制度改正の状況に対応した改訂を行うとともに、以下の見直しを行いました。

①　第 2 章において、実務で問題となりやすい論点について、チャレンジ問題を出題したうえで、末尾に解答を記載しました。

②　実務における失敗事例を加筆することで、組織再編税制を理解するだけでなく、実務を疑似体験できるようにしました。

　本書は、2021 年 4 月 1 日時点で公表されている本法、施行令および施行規則をもとに解釈できる範囲内での私見により編集しました。なお、第 2 章第 7 節のグループ通算制度については、2022 年 4 月 1 日以後開始する事業年度を前提としているため、連結納税制度についての解説を省略しているという点につき、予めご了承ください。

　最後になりましたが、本書を企画時から刊行まで担当してくださった清文社の杉山七恵氏に感謝を申し上げます。

2021年4月

公認会計士・税理士　佐藤　信祐

はじめに

　平成13年度に組織再編税制が導入され、平成22年度にグループ法人税制が導入されました。そして、平成29年度税制改正では、組織再編税制が大幅に見直されています。その結果、今後も、多くの企業で組織再編が行われると予想されます。

　ただし、大企業が組織再編を行う場合の論点と、中小企業が組織再編を行う場合の論点は異なることが一般的です。たとえば、中小企業の株主の多くは個人株主であり、個人株主から法人に対する現物出資は、中小企業特有の論点だと考えられます。また、上場企業の子会社が組織再編を行う場合と異なり、個人株主のみなし配当課税にも注意しなければなりません。

　その一方で、組織再編税制が難しいという声も少なくありません。また、会計事務所の社内研修担当者から、「組織再編税制を理解させる前に、そもそも組織再編とは何なのかを理解させる必要がある」という話を聞くこともあります。

　そうした事情から、組織再編税制の入門書が必要であると感じていましたが、レベル設定が難しいという課題がありました。そのような中で、『プレステップ会社法（弘文堂、共著)』の出版に携わり、大学教授の方々と、大学1～2年生向けの会社法の書籍の執筆をする機会がありました。

　こうした経験から、「司法試験や会計士試験の勉強をしたことがない法学部の3年生が理解できる水準」で、組織再編税制の入門書を作れるのではないかという考えに至りました。会計事務所に当てはめると、「税理士試験の簿記または財務諸表論に合格し、法人税法の受験勉強をこれからやろうと思っている職員の方を想定した水準」です。

　そのため、種類株式、新株予約権、任意組合、匿名組合、民事信託、一般社団法人、医療法人などの特殊な取扱いは、これらの適用を受けない読者に無用の混乱を与えるおそれがあることから、本書では、解説を省略していることにつき、予めご了承ください。

　本書は、金井優典氏、中村彩乃氏、皆川祥子氏にご協力をいただきました。この場を借りて感謝いたします。

　最後になりましたが、本書を企画時から刊行まで担当してくださった清文社の杉山七恵氏に感謝を申し上げます。

2019年4月

公認会計士・税理士　佐藤　信祐

第2章 実務での利用方法

【凡　例】

法人税法	法法
法人税法施行令	法令
法人税法施行規則	法規
法人税基本通達	法基通
所得税法	所法
所得税法施行令	所令
相続税法基本通達	相基通
財産評価基本通達	財基通
減価償却資産の耐用年数等に関する省令	耐省
消費税法	消法
消費税法基本通達	消基通
印紙税法	印法
登録免許税法	登免法
租税特別措置法	措法
租税特別措置法施行令	措令
租税特別措置法関係通達	措通
地方税法	地法
地方税法施行令	地令
会社法	会社法
会社計算規則	計規
商業登記法	商登法
企業結合に関する会計基準	結合基準
事業分離等に関する会計基準	分離等基準
企業結合会計基準及び事業分離等会計基準に関する適用指針	結合指針
中小企業における経営の承継の円滑化に関する法律	円滑化法
中小企業における経営の承継の円滑化に関する法律施行令	円滑化令
中小企業における経営の承継の円滑化に関する法律施行規則	円滑化規

●本書の記述は、2021年4月1日現在の法令等に依ります。

登 場 人 物

サトウ先生

組織再編を専門とする公認会計士・税理士。
コウジ、ユウタ、マヤがアルバイトする事務所を経営し、日々、企業の組織再編に関する業務を行っている。あまりアドバイスをしない性格だが、3人が議論をしながら、何とか答えを出そうとしている様子を見守っている。

コウジ

在学中に司法試験に合格した大学生。
言葉の響きからM&Aに興味を持ち、将来は大手法律事務所でM&Aを専門とする仕事をしたいと思っている。言葉の響きで人生を決めてしまうくらいには、向こう見ずな性格だが、やると決めたことは最後までやり切る熱いハートを持っている。好きな言葉は、猪突猛進。

ユウタ

コウジと同じ大学に通う大学生。
公認会計士を目指している。趣味は、海外旅行。公認会計士試験合格後に、世界一周を計画しており、旅費を稼ぐためにサトウ先生の事務所でアルバイトをしている。コウジとは幼い時からの友人だが、コウジとは対照的にいつでも冷静。好きな言葉は、一期一会。

マヤ

税理士を目指している大学院生。
学費を稼ぐためにサトウ先生の事務所でアルバイトをしている。とても明るい性格であり、事務所では、お姉さん的なキャラクターで親しまれている。好きな言葉は、なんくるないさ。

REORGANIZATIONS

第 **1** 章

組織再編税制の
超入門

　本章では、組織再編税制の基本的な内容について解説します。
組織再編税制というと難しく感じるかもしれませんが、実際のところ、論点は
それほど多いわけではありません。
　ただし、実務上、組織再編を行う場合には、税制適格要件や繰越欠損金だけではな
く、株主における課税や消費税、印紙税、登録免許税、不動産取得税といった他の税
目についても検討する必要があるという点は理解しておきましょう。

第1節 組織再編って、何だろう？
組織再編の定義と範囲

ユウタ

> 会社法だと、組織変更、合併、分割、株式交換、株式交付、株式移転が規定されているから、きっと、組織再編って、これらのことをいうんだよ。

> でもさ、M&Aとかの本を読むと、事業譲渡も出てくるよ。株主総会の特別決議も必要だし、分割と比較されることも多いから、事業譲渡も含めないといけないんじゃないかな。
> あと、子会社株式の譲渡も事業譲渡と同じように株主総会の特別決議が必要だった気がするな。

コウジ

マヤ

> たしか、法人税の授業では、組織再編税制には、合併、分割、株式交換、株式移転だけじゃなく、現物出資や現物分配も含まれると習ったような気がするわ。そもそも、組織再編って、何を意味するのかな？

皆さんは、組織再編は何を意味するのか知っていますか。

ユウタが言うように、会社法の第5編では、組織変更、合併、分割、株式交換、株式交付、株式移転が規定されています。ただし、コウジが言うように、事業譲渡や重要な子会社株式の譲渡は、会社の組織を大きく変更させる行為ですので、会社法467条において、株主総会の特別決議が必要とされています。

これに対し、企業会計や法人税法では、組織変更を組織再編に含めず、現物出資や現物分配を組織再編に含めることが一般的です。

組織再編といっても、それぞれの制度によって対象範囲が異なるという点に注意しましょう。

サトウ先生

1 会社法における組織再編の範囲

　会社法第 5 編の第 2 章から第 5 章では、**合併、分割、株式交換、株式交付および株式移転**が定められています。これらの行為を総称したものを**「会社法における組織再編」**ということがあります。

　組織再編は、既存の会社に対して、権利義務を承継するもの（**吸収型組織再編**）と、新たに設立する会社に対して、権利義務を承継するもの（**新設型組織再編**）とに分類できます。吸収型組織再編には、吸収合併、吸収分割、株式交換および株式交付が、新設型組織再編には、新設合併、新設分割および株式移転がそれぞれ含まれます。

　組織再編という文言は会社法自体にはないため、その範囲は一義的ではありません。**事業譲渡や重要な子会社株式の譲渡**は、会社法第 5 編に規定されていないことから、組織再編に含まれないと考えることもできます。しかし、会社の物的組織の変更を生じさせることや、本章第 2 節で解説するように、分割に類似した手続が定められていることから、合併、分割に類する行為とも考えられるため、会社法における組織再編に含まれると考えることができます。

　したがって、本書では、事業譲渡や重要な子会社株式の譲渡も会社法における組織再編に含めることとします。

〈**会社法における組織再編**〉

吸収型組織再編	吸収合併
	吸収分割
	株式交換
	株式交付
新設型組織再編	新設合併
	新設分割
	株式移転
その他	事業譲渡
	重要な子会社株式の譲渡

（1）合　併

　合併とは、2 つ以上の法人が契約により 1 つの法人になることをいい、吸収合併と新設合併に分けられます。そのうち、吸収合併と

は、被合併法人[*1]の権利義務のすべてを合併後に存続する合併法人[*2]に承継させるものをいい（会社法2二十七）、新設合併とは、被合併法人の権利義務のすべてを合併により設立する合併法人に承継させるものをいいます（会社法2二十八）。

　新設合併は、被合併法人が複数になり登記手続や許認可の再取得などが煩雑になるといった理由から**ほとんど用いられておらず**、実務上は、吸収合併が多く用いられています。

【吸収合併】

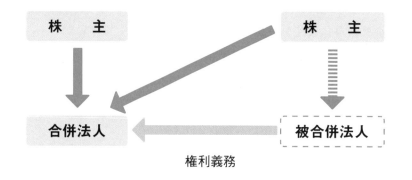

【新設合併】

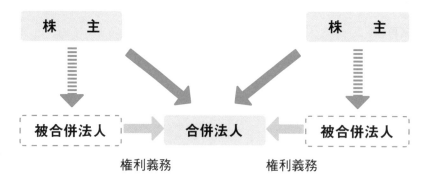

（2）分　割

　分割とは、ある法人（分割法人[*3]）がその事業に関して有する権利義務の全部または一部を他の法人（分割承継法人[*4]）に承継させることをいい、吸収分割と新設分割に分けることができます。そのうち、吸収分割とは、既存の法人に対して、分割法人の権利義務を

＊1　合併によりその有する資産および負債の移転を行った法人をいいます（法法2十一）。会社法では、吸収合併消滅会社、新設合併消滅会社と表記されています（会社法749①一、753①一）。

＊2　合併により被合併法人から資産および負債の移転を受けた法人をいいます（法法2十二）。会社法では、吸収合併存続会社、新設合併設立会社と表記されています（会社法749①柱書、753①柱書）。

＊3　分割によりその有する資産または負債の移転を行った法人をいいます（法法2十二の二）。会社法では、吸収分割会社、新設分割会社と表記されています（会社法758一、763①五）。

＊4　分割により分割法人から資産または負債の移転を受けた法人をいいます（法法2十二の三）。会社法では、吸収分割承継会社、新設分割設立会社と表記されています（会社法757、763①柱書）。

承継させるものをいい（会社法2二十九）、新設分割とは、新たに設立する法人に対して、分割法人の権利義務を承継させるものをいいます（会社法2三十）。

分割は、後述する事業譲渡と異なり、**契約当事者の同意を得なくとも**分割法人から分割承継法人に対して契約上の地位が移転するという意味で、合併と類似性があります。

さらに、分割法人が交付を受けた分割承継法人株式を分割法人の株主に交付した場合には、分割法人の株主が分割法人と分割承継法人の双方の株式を保有するため、分割法人と分割承継法人が兄弟会社になります。租税法上、株式を交付する分割を前提にすると、分割承継法人株式を分割法人の株主に交付する分割を分割型分割といい、交付しない分割を分社型分割といいます（法法2十二の九、十）。

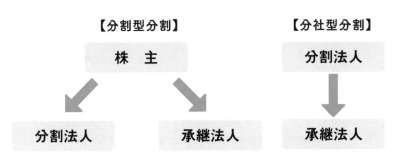

【分割型分割】　株　主　→　分割法人　承継法人
【分社型分割】　分割法人　→　承継法人

*5　株式交換と類似する制度として、株式交付の制度があります。株式交付とは、株式会社が他の株式会社を子会社にするために、当該他の株式会社の株式を譲り受け、その対価として株式会社の株式を交付することをいいます（会社法2三十二の二）。株式交換と異なり、株式交付は株式交付子会社が株式交付親会社の100％子会社にはなりません。

*6　株式交換によりその株主の有する株式を他の法人に取得させた当該株式を発行した法人をいいます（法法2十二の六）。会社法では、株式交換完全子会社と表記されており（会社法768①一）、法人税法では、スクイーズアウトにおける完全子法人を含めて株式交換等完全子法人と表記されています（法法2十二の六の二）。

✕ 失敗事例 ✕

合併または分割により許認可や免許を引き継ぐことができない場合には、合併法人または分割承継法人において再取得をする必要があります。許認可や免許を取得するために、1か月前後の期間を要することもあるため、合併または分割に先立って、許認可や免許を取得しておく必要があります。

実際に、許認可や免許の再取得が間に合わず、合併または分割を遅らせざるを得なかった失敗事例もあるため、注意しましょう。

（3）株式交換[5]

株式交換とは、ある法人（株式交換完全子法人[6]）が、その発行済株式の全部を他の法人（株式交換完全親法人[7]）に取得させることを

いいます（会社法 2 三十一）。株式交換とは、**いずれか一方の法人による直接完全支配関係**を創設するための手法であるといえます。

【株式交換】

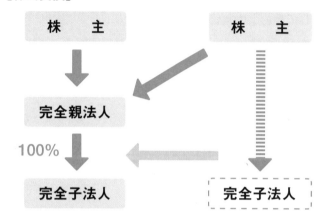

（4）株式移転

　株式移転とは、1 または 2 以上の株式会社（株式移転完全子法人[*8]）が、その発行済株式の全部を新たに設立する株式会社（株式移転完全親法人[*9]）に取得させることをいいます（会社法 2 三十二）。

　株式移転は、株式交換と同様に、**直接完全支配関係が創設される**という点で共通していますが、完全親法人となる法人が**新たに設立される法人である**という点で異なります。

【株式移転】

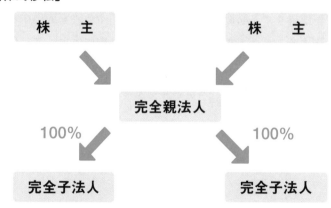

＊7　株式交換により他の法人の株式を取得したことによって当該法人の発行済株式の全部を有することとなった法人をいいます（法法 2 十二の六の三）。会社法では、株式交換完全親会社と表記されており（会社法767）、法人税法では、スクイーズアウトにおける完全親法人を含めて株式交換等完全親法人と表記されています（法法 2 十二の六の四）。

＊8　株式移転によりその株主の有する株式を当該株式移転により設立された法人に取得させた当該株式を発行した法人をいいます（法法 2 十二の六の五）。会社法では、株式移転完全子会社と表記されています（会社法773①五）。

＊9　株式移転により他の法人の発行済株式の全部を取得した当該株式移転により設立された法人をいいます（法法 2 十二の六の六）。会社法では、株式移転設立完全親会社と表記されています（会社法773①一）。

（5）事業譲渡

　事業譲渡とは、「①一定の営業目的のために組織化され、有機的一体として機能する財産の全部又は重要な一部を譲渡し、②これによって譲渡会社がその財産によって営んでいた営業活動の全部又は重要な一部を譲受人に受け継がせ、③譲渡会社がその限度に応じ法律上当然に競業避止義務[10]を負う結果を伴うもの」[11]をいいます。

　事業譲渡といっても、会社法における特別の行為というわけではなく、**通常の取引行為（たとえば、工場の敷地、建物および機械の売買契約等）が一括して行われている**にすぎません。したがって、前述の分割とは異なり、事業譲受法人が事業譲渡法人の債務を引き受けるためには、債権者の承諾が必要になります。

*10　競業避止義務とは、事業譲渡法人に対して、事業譲渡の対象となった事業と同一の事業を行うことを制限するものをいいます（会社法21）。

*11　最大判昭和40年9月22日（民集19巻6号1600頁）。

② 企業会計における組織再編の範囲

　「企業会計における組織再編」として、企業結合に関する会計基準（以下、**「企業結合会計基準」**といいます）、事業分離等に関する会計基準（以下、**「事業分離等会計基準」**といいます）が定められています。そのため、これらの会計基準に記載されている取引が、企業会計における組織再編であるといえます。

（1）企業結合会計基準の適用範囲

　企業結合会計基準は、企業結合に該当する取引に適用されます（結合基準3）。そして、**「企業結合」**とは、ある企業またはある企業を構成する事業と他の企業または他の企業を構成する事業とが1つの報告単位に統合されることをいいます（結合基準5）。企業結合の対象には、**企業と企業の結合**である合併、株式交換および株式移転のほか、**企業と他の企業を構成する事業との結合**である現物出資、吸収分割および事業譲渡も含まれます。

（2）事業分離等会計基準の適用範囲

　事業分離等会計基準は、①事業分離における**分離元企業**の会計処理および**分離先企業**の会計処理、②共同支配企業の形成および共通支配下の取引以外の企業結合における**結合当事企業の株主**に係る会

計処理に対して適用されます（分離等基準9）。

そして、**「事業分離」**とは、ある企業を構成する事業を他の企業に移転することをいいます（分離等基準4）。そのため、事業分離には、分割、事業譲渡および現物出資により**分離元企業の事業を分離先企業に移転する行為**が含まれます。

さらに、**現物分配**[12]は企業結合には該当しないものの、親会社に対する分割型分割と現物分配とが類似していることから、**その株主に係る会計処理**については事業分離等会計基準の適用対象となります（分離等基準52）。

3 法人税法における組織再編の範囲

法人税法では、原則として、**合併、分割、現物出資、現物分配または株式分配**[13]により、資産または負債を移転した場合には、時価で譲渡したものとして取り扱います（法法62①、62の5①）。ただし、組織再編を円滑に進める観点から、税制適格要件（法法2十二の八以下）を満たす場合には、譲渡損益を実現させないこととしています（法法62の2①、62の3①、62の4①、62の5③）。一般的に、これらの合併、分割、現物出資、現物分配または株式分配は、法人税法における組織再編に含まれます。

そして、法人税法62条の8では、資産調整勘定および負債調整勘定を認識する行為として、**事業譲受け**が規定されていることから、広い意味では、これも法人税法における組織再編に含まれると考えることができます。

そのほか、同法62条の9では、**非適格株式交換等・移転**に該当したものが、時価評価課税の対象とされています。そして、「株式交換等」には、**スクイーズアウト**[14]が含まれます。これらの行為も、税制適格要件（法法2十二の十七、十二の十八）が定められているため、法人税法における組織再編に含めるべきであると考えられます。

これに対し、株式交付は、株式交換・移転と異なり、100％子会社にする手法ではなく、自社の株式を対価として株式交付子会社株

*12 法人がその株主等に対し当該法人の次に掲げる事由により金銭以外の資産の交付をすることをいいます（法法2十二の五の二）。
イ　剰余金の配当（株式または出資に係るものに限るものとし、分割型分割によるものを除く。）もしくは利益の配当（分割型分割によるものを除く。）または剰余金の分配（出資に係るものに限る。）
ロ　解散による残余財産の分配
ハ　法人税法24条1項5号から7号まで（配当等の額とみなす金額）に掲げる事由

*13 現物分配のうち、その現物分配の直前において現物分配法人により発行済株式等の全部を保有されていた法人の当該発行済株式等の全部が移転するものをいいます（法法2十二の十五の二）。

*14 イからハまでに掲げる行為により対象法人がそれぞれイもしくはロの最大株主等である法人またはハの一の株主等である法人との間に完全支配関係を有することとなることをいいます（法法2十二の十六）。
イ　全部取得条項付種類株式に係る取得決議によりその取得の対価として当該法人の最大株主等以外の全ての株主等（当該法人および当該最大株主等との間に完全支配関係がある者を除きます。）に一に満たない端数の当該法人の株式が交付されないこととなる場合の当該取得決議

式を買い取る手法に過ぎないことから、法人税法における組織再編には含まれません。

〈法人税法における組織再編〉

税制適格要件が定められているもの	合 併
	分 割
	現物出資
	現物分配
	株式分配
	株式交換等（スクイーズアウトを含む）
	株式移転
それ以外	事業譲受

ロ　株式の併合で、その併合をした法人の最大株主等以外の全ての株主等（当該法人および当該最大株主等との間に完全支配関係がある者を除きます。）の有することとなる当該法人の株式の数が一に満たない端数となるもの

ハ　株式売渡請求に係る当該承認により法令の規定に基づき当該法人の発行済株式等（当該一の株主等または当該一の株主等との間に完全支配関係がある者が有するものを除きます。）の全部が当該一の株主等に取得されることとなる場合の当該承認

ユウタ

> 株式交換とスクイーズアウトは、直接完全支配関係を創設する行為ということで似ているから、法人税法では、どちらも組織再編の範囲に含めているんだね。

4 おわりに

　このように、組織再編といっても、会社法、企業会計および租税法における範囲がそれぞれ異なっています。

　さらに、「組織再編」というのは道具であり、目的そのものにはならないため、M&A、事業承継、グループ内再編などの目的に応じ、「組織再編」の範囲を変えている文献もあるので、注意しましょう。

考えてみよう

本節では、会社法、企業会計および法人税法における組織再編の範囲について解説しました。しかし、法人税法以外の租税法では、組織再編の範囲が異なる可能性があります。

少し大変かもしれませんが、消費税法、地方税法（不動産取得税）、登録免許税法、国税通則法および国税徴収法における組織再編の範囲を調べてみましょう。

中小企業の法務手続は
ペーパーワーク

組織再編の法務

たしか、会社法の授業では、合併を行うために、株主総会の特別決議や債権者異議手続が必要になると聞いたわ。株主総会の特別決議を開くためには、招集通知を発送しなければいけないし、いろいろ大変そうだよね。

マヤ

上場企業だとそうかもしれないけど、中小企業で株主総会を開くことなんかほとんどないよね。サトウ先生も、会社法の手続はペーパーワークだと言っていたし、そもそも株主総会も省略しているんじゃないかな。

ユウタ

確かにそのとおりかもね。おそらく、ほとんどの事案では、株主の全員の同意を得たうえで、株主総会も形式的に済ませているんだと思う。それでも、債権者異議手続は省略できないから、それくらいはやっているんじゃないかな。

コウジ

皆さんは、組織再編には、どのような手続が必要か知っていますか。マヤの言うとおり、会社法上、合併の手続として、①合併契約の締結、②株主総会の特別決議による承認、③事前開示および事後開示、④債権者異議手続、⑤登記手続がそれぞれ必要になります。そのほか、株券発行会社では、株券提供手続も必要になります。さらに、上場企業であれば、金融商品取引法や独占禁止法の手続も必要になります。

これに対し、中小企業では、株主の数が限られていることから、ここまで厳密な手続は行いません。そのため、ユウタやコウジの言うとおり、株主総会を形式的に済ませてしまうことが一般的です。

サトウ先生

① 組織再編の手続

　組織再編を行うためには、組織再編を行う当事会社同士が組織再編契約を締結する必要があります。そして利害関係を有する株主、債権者を保護するために、会社法に規定されている一定の手続を行う必要があります。

　組織再編の手続といっても、会社法上、それぞれの組織再編に対して異なる規定がなされています。しかし、合併、新設分割および事業譲渡の手続を理解しておけば、他の組織再編の手続も理解できるため、合併、新設分割および事業譲渡の手続について解説します。

　なお、以下では、株式会社の組織再編を前提にしているという点にご注意ください。

【組織再編】

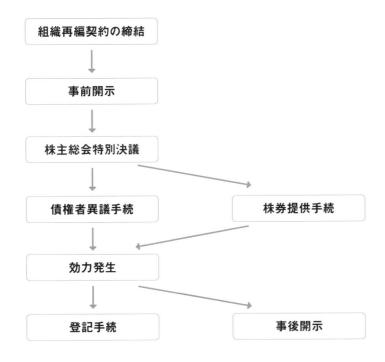

2 合併の手続

（1）合併契約の締結

　合併を行う場合には、合併当事会社が、合併契約を締結することが必要です。そして、合併登記のために、合併契約書が必要になることから、書面により合併契約書を作成することが一般的です。

◆調べてみよう

　会社法上、合併契約書に記載すべき法定記載事項が定められています（会社法749①、753①）。そのほか、合併契約書には、当事会社が合意した内容が任意的記載事項として記載されることがあります。

　実務上、合併契約書は、弁護士または司法書士が作成することが多いですが、会計・税務に関連する箇所は、会計事務所が作成またはレビューをすることが少なくありません。具体的には、合併対価として交付する合併法人株式その他の資産、増加する資本金の額および法定準備金（本章第3節参照）が挙げられます。

　それでは、実務上、合併契約書に記載されている任意的記載事項にはどのようなものがあるでしょうか。

（2）事前開示

　合併法人では、備置開始日*1 から合併の効力発生日後6か月を経過するまでの間、被合併法人では、備置開始日から効力発生日までの間、事前開示書面またはその電磁的記録を本店に備え置くことが必要になります（会社法782①②、794①②、803①②）。

　建前上、事前開示は、株主に対しては、組織再編を承認するかどうか、株式買取請求権を行使するかどうかを判断させるための手続として、債権者に対しては、組織再編に対して異議を述べるかどうか判断させるための手続として、それぞれ重要な意義を有します。しかし、中小企業の実務では、これらの書類を閲覧する利害関係者はほとんどいませんし、株主や大口債権者に対しては、個別に説明しておくことが一般的なので、**合併の登記において必要になる書類を備えておく**というのが実態です。

*1 　次に定める日のうちいずれか一番早く到来する日（会社法782②、794②）。
① 　株主総会を開催する場合には、株主総会の日の2週間前の日
② 　株式買取請求権または新株予約権買取請求権に係る通知の日または公告の日のいずれか早い日
③ 　債権者異議手続きに係る公告の日または催告の日のいずれか早い日

（3）合併承認決議

　合併の当事会社は、合併の効力発生日の前日までに**株主総会の特別決議**[2]による承認を受ける必要があります（会社法783①、795①、804①、309②十二）。

　もっとも、中小企業では、招集通知を発送せずに、全員の委任状を入手したうえで、株主総会を**形式的に済ませる**といった手続も多く行われています。

　会社法の授業で習った簡易合併[3]や略式合併[4]は、中小企業には関係のない話なんだね。

マヤ

（4）債権者異議手続

　合併の当事会社は、会社債権者に対して、最低**1か月**の一定期間内に、当該合併に異議を申述できる旨の内容を官報により**公告**し、かつ、債権者に同内容の**催告**を行う必要があります（会社法789①②、799①②、810①②）。官報への公告は、依頼してから**約2週間**を要するのが通例であり、株主総会の招集手続を省略したとしても、最低でも合併には**約2か月**を要するとされています。

　この公告を官報のほかに、日刊新聞紙もしくは電子公告により行うときは、債権者に対する催告は不要になりますが（会社法789③、799③、810③）、個別催告を省略するためには、公告方法についての登記が必要になります。日常的に決算公告を行っていない中小企業では、このような手続を嫌う傾向にあることから、ほとんどの事案において官報公告と催告を行っていると思われます。

　さらに、債権者異議手続としての公告は、決算公告を行っていることを前提としているため、決算公告を行っていない場合には、債権者異議手続としての公告と決算公告の同時公告を行う必要があります[5]。

*2　議決権の過半数を有する株主が出席し、出席した株主の議決権数の3分の2以上の賛成が必要となる決議をいいます。

*3　合併法人において株主総会決議を省略する手法をいいます（会社法796②）。

*4　被支配会社において株主総会決議を省略する手法をいいます（会社法784①、796①）。

*5　公告とは、①官報、②日刊新聞または③電子公告により、特定の事項を広く一般に知らせることをいいます。これに対し、催告とは、特定の事項を対象者に個別的に知らせることをいいます。新聞に掲載することを公告、個別に手紙を出すことを催告と覚えると分かりやすいと思います。

サトウ先生

すべての債権者に対して催告を行うことは不可能です。実際には、登記で問題にならない程度に、一部の大口債権者（金融機関、リース会社など）に対してのみ催告を行い、それ以外の債権者に対しては催告を行わないことがほとんどです。

このような場合には、催告の対象にならなかった債権者に対する期限の利益を喪失します。つまり、債権者が要求してきたら、支払期限が到来していなくても債務を弁済する必要があります。しかし、大口債権者以外の小口債権者からこのような要求がなされることはほとんどありませんし、そもそも1か月以内に支払ってしまう債務がほとんどであることから、実務上の弊害がないという理由で強行している事案が多いと思われます。

（5）株券提出手続

被合併法人が**株券発行会社**である場合には、被合併法人は、合併の効力発生日までに株券提出手続を行う必要があります。具体的には、最低**1か月**の一定期間内に、効力発生日までに株券を提出しなければならない旨を**公告**し、**株主に通知**することが必要となります（会社法219①六）。**株券不発行会社**では、このような手続は必要ありません。

（6）効力発生

吸収合併を行った場合には、**合併契約書に定められた効力発生日**に、合併の効力が生じます（会社法750①）。そして、新設合併を行った場合には、**設立会社の成立の日（設立登記の日）**に、合併の効力が生じます（会社法49、754①）。

なお、3月決算法人が4月1日に新設合併を行おうとしても、設立予定日が祝祭日である場合には、4月1日に設立登記を行うことができません。ところが、その翌日である4月2日に設立登記を行ってしまうと、1日分の損益が被合併法人に帰属するという不都合が生じます。このような不都合を回避するために、法人税法上、**設立予定日を新設合併の日とする特例**が認められています[6]。

*6　国税庁ウェブサイト「新設合併等の登記が遅れた場合の取扱いについて」参照。

（7）事後開示

　合併法人の取締役は、合併の効力発生日以後、遅滞なく、合併により被合併法人から承継した重要な権利義務に関する事項およびその他合併に関する重要な事項等を記載した書面を作成し、6か月間、本店に備え置く必要があります（会社法801①③、815①③）。

　建前上、事後開示は、利害関係者に対して、合併に関する重要な事項を確認させ、場合によっては、合併無効の訴えや取締役の責任追及の訴えにおける証拠に資するという点で重要な意義を有します。しかし、中小企業の実務では、これらの書類を閲覧する利害関係者はほとんどいないので、**合併の登記において必要になる書類を備えておく**というのが実態です。

（8）登記手続

　合併の効力発生日から**2週間以内**に、被合併法人は**解散の登記**をし、合併法人は**変更の登記**を行う必要があります（会社法921）。また、新設合併を行った場合にも同様に、被合併法人は**解散の登記**をし、合併法人は**設立の登記**が必要になります（会社法922）。

　さらに、被合併法人が保有していた資産が合併法人に移転するため、**所有権移転登記**が必要になることがあります。そのほか、会社法の手続ではありませんが、許認可や免許を包括承継することはできないため、**許認可や免許の再取得**が必要になるという点に注意しましょう。

コウジ

被合併法人が不動産をたくさん持っていると、所有権移転登記も大変そうだし、登録免許税（本章第13節参照）も多額になりそうだね。

3 新設分割の手続

（1）新設分割計画の作成

　新設分割を行う場合には、取締役会の決議により（取締役会非設置会社においては取締役の決定により）、新設分割計画書[*7]を作成する必要があります（会社法 762 ①）。

　その後の事前開示、株主総会の特別決議が必要になるという点は、合併と変わりません。

（2）債権者異議手続

　分割の場合には、以下の債権者が債権者異議手続の対象とされています（会社法 810 ①二）。

　①　分割法人の債権者のうち、分割後に分割法人に対して債務の履行を請求することができない者

　②　分割承継法人の既存債権者のすべて

　新設分割の場合には、分割承継法人に債権者が存在しないため、債権者異議手続が必要となるのは、原則として、新設分割後に分割法人に対して債務の履行を請求できない者のみということになります（ただし、分割型分割の場合には、分割法人の純資産が毀損するため、分割法人に対して債務の履行を請求できる者に対しても、債権者異議手続は必要です）。

　したがって、分社型分割を行った場合において、新設分割後の分割法人に対して債務の履行を請求できない債権者が存在しなければ、原則として、債権者異議手続は不要になります[*8]。

　具体的には、①分割承継法人に**債務を移転しない**方法、②分割承継法人に債務を移転するとしても、**重畳的債務引受け**[*9]を利用することで、分割法人に対しても債務の履行を請求できるようにする方法により、債権者異議手続が省略できます。

（3）労働者保護手続

　分割を行う場合には、分割事業に従事していた労働者を分割承継

---

*7　新設分割の場合には「計画書」と表記するのに対し、吸収分割の場合には「契約書」と表記するという違いがあります。

*8　吸収分割の場合には、分割承継法人に既存債権者が存在する可能性があります。そのため、吸収分割を行う場合には、債権者異議手続を省略することができません。

*9　免責的債務引受けとは、新しい債務者のみが債務を負い、従前の債務者が債務を負わない債務引受けをいいます。そして、重畳的債務引受けとは、新しい債務者と従前の債務者の両方が債務者になる債務引受けをいいます。重畳的債務引受けの場合には、新しい債務者と従前の債務者との関係では、新しい債務者が債務の負担を約束していますが、債権者との関係では、新しい債務者と従前の債務者は連帯債務を負うことから、免責的債務引受けと異なり、完全に債権・債務関係から離脱できるわけではないという違いがあります。

法人に移転させることが原則となります。しかし、分割に伴って、突然、「明日からA社で働くように」と告げられても困りますし、そもそも包括承継であることから、分割に伴う**労働条件の不利益変更**は認められていません。そのような理由から、労働者保護の観点から、「**会社分割に伴う労働契約の承継等に関する法律**」が定められています。

　具体的には、労働者の理解と協力を得るための手続、労働者への事前通知などを行う必要があります[*10]。

　合併手続との違いは、労働者に対する手続であると言っても過言ではありません。

（4）効力発生

　分割承継法人が設立の登記をした日に、分割承継法人が成立し、新設分割の効力が発生します（会社法924、911、764①）[*11]。

　その後の事後開示および登記手続が必要になるという点は、合併と変わりません。

４　事業譲渡の手続

（1）概　要

　事業譲渡（および事業譲受）を行う場合には、株主総会の特別決議による承認が必要になることがあります（会社法467①、309②十一）。そして、株主総会の特別決議が必要になる事業譲渡（および事業譲受）には、以下のものが含まれます。

① 　事業の全部の譲渡

② 　事業の重要な一部の譲渡

③ 　他の会社の事業の全部の譲受け

　また、平成26年の会社法改正により、**子会社株式の譲渡**も事業譲渡に含まれることになりました（会社法467①二の二）。子会社株式の譲渡とは、子会社株式の全部または一部を譲渡する行為のうち、以下の2つの要件を満たすものをいいます。

[*10] 具体的な手続は以下のとおりです。
① 　分割法人は、労働組合等との協議等により労働者の理解と協力を得るよう努める必要があります（7条協議）。
② 　分割法人は、分割事業に従事している労働者と協議する義務を負います（商法等改正法附則5①）。
③ 　分割法人は、分割事業に主として従事する労働者等や労働組合に対して、通知期限日までに、労働契約を分割承継法人が承継する旨の分割計画書等における定めの有無や、異議申出期限等について書面で通知しなければなりません（2条通知）。
④ 　分割事業に主として従事する労働者で分割計画書等に労働契約を承継する旨の記載がされない者や、分割事業に従として従事する労働者で分割計画書等に労働契約を承継する旨の記載がなされた者は異議を申し出ることができます。

[*11] 吸収分割の場合には、吸収分割契約書に定められた効力発生日に吸収分割の効力が生じます（会社法759①）。

① 譲渡する株式または持分の帳簿価額が株式会社の総資産額の5分の1を超えること

② 当該譲渡の後に株式会社が当該子会社の議決権の過半数を有しないこと

事業譲渡を行う場合には、分割と異なり、事業譲受法人に資産および負債を移転させる手続を**個別的に**とらない限り、原則として、事業譲受法人に資産および負債を移転させることができません。

（2）事業譲渡の契約締結

事業譲渡を行う場合には、当事会社の代表者が事業譲渡契約を締結することが必要になります。

しかし、分割と異なり、会社法上、法定記載事項は定められていません。

（3）事業譲渡をする旨の通知公告

（1）で掲げた事業譲渡を行う場合には、効力発生日の20日前までに、株主に対して、事業譲渡をする旨を通知または公告をする必要があります（会社法469③④）。

（4）事業譲渡の承認決議

（1）で掲げた事業譲渡を行う場合には、効力発生日の前日までに、株主総会の特別決議による承認を得る必要があります（会社法467①、309②十一）。

（5）債権者異議手続

分割の場合には、分割事業に係る権利義務が移転し、分割法人に債務の履行を請求できなくなる債権者が生じることから、原則として債権者異議手続を行う必要がありました。しかし、事業譲渡を行う場合に債務の移転を行うためには、**債権者の同意**が必要となります。したがって、会社法上、事業譲渡では、債権者異議手続は必要とされていません。

債権者異議手続も株券提供手続も不要なら、公告や催告のために1
か月も待つ必要はないのかぁ。
移転する権利義務関係が少ないなら、分割よりも事業譲渡のほうが、
時間がかからないのかもしれないね。

ユウタ

（6）効力発生

事業譲渡契約書に定められた効力発生日に、事業譲渡の効力が発
生します。

（7）登記手続

会社法上、事業譲渡を行ったとしても、登記手続は必要とされて
いません。もっとも、事業譲渡の際に資産の移転が行われるため、
所有権移転登記が必要になることがあります。

5 おわりに

本節では、組織再編における会社法の手続について解説しました。
中小企業であっても、会社法の手続は遵守する必要がありますが、
利害関係者が限られていることから、実態としてはペーパーワーク
にすぎないことがほとんどです。

実務上は、弁護士や司法書士と相談しながら、それぞれの手続を
進めていく必要があります。

考えてみよう

実務上は、会社法の手続はペーパーワークにすぎないため、許認可や免
許の再取得や合併を理由とした契約の見直し条項のほうが重要になり
ます。会社法、会計、税務の手続以外に、どのようなことに注意する必
要があるか、考えてみましょう。

第3節 資本金の額は増やしたくない
組織再編の会計

浅場社長が、浅場建設と浅場不動産を合併させたいみたいだね。たしか、浅場建設の資本金の額は7千万円で、浅場不動産の資本金の額は5千万円だったよね。浅場社長は、合併後の資本金の額はどうする気なんだろう。

コウジ

資本金の額が1億円を超えてしまうと、中小法人から除外されてしまうから、浅場社長は、資本金の額を動かしたくないって言っていたわ。合併後に減資をするのもみっともないから、合併のタイミングで資本金の額を動かさないでくれって言われたけど、そんなことは可能なのかしら。

マヤ

たしか、増資の場合には、2分の1以上を資本金の額に組み入れる必要があったよね（会社法445①②）。合併で、資本金の額を増やさないなんてことはできないだろうし、普通に考えれば、合併後の資本金の額は1億2千万円になると思うんだけど。

ユウタ

皆さんは、組織再編後の資本金の額を意識したことはありますか？マヤが言うように、資本金の額が1億円を超えてしまうと、租税法上、中小法人から除外されてしまいます。さらに、5億円以上になると、会計監査を受ける必要があります。そうした事情から、資本金の額を1億円以下にしたい中小企業は少なくありません。

それだけでなく、「なんとなく資本金の額は変えないでくれ」という依頼も少なくありません。

こうしたことから、「組織再編があっても、資本金の額は動かさない」ことができれば、クライアントの要望に応えることができます。

サトウ先生

1　企業結合会計の基本的な考え方

　組織再編を行った場合には、**「取得***1**」「共同支配企業の形成***2**」**または**「共通支配下の取引等***3**」**のいずれに該当するのかによって、会計処理が異なります。このうち、「共同支配企業の形成」は、複数の独立した法人によって、合弁会社を設立するような場合を想定したものなので、実務では、ほとんど該当することはありません。

　「取得」はグループ外の法人との組織再編を行った場合に、「共通支配下の取引等」はグループ内の法人との組織再編を行った場合に、それぞれ適用されます。そして、「取得」に該当した場合には、**時価**で資産および負債を取得し、「共通支配下の取引等」に該当した場合には、**簿価**で資産および負債を取得します。

〈企業結合会計〉

取　得	時価で取得
共同支配企業の形成	簿価で取得
共通支配下の取引等	簿価で取得

2　事業分離等会計の基本的な考え方

　「事業分離等に関する会計基準」の適用対象となる「**事業分離**」とは、分離元企業に係る会計処理を指し、「**等**」とは、被結合企業および結合企業の株主に係る会計処理を指します。

　いずれも、**投資が清算**されたとみる場合には、**譲渡損益を実現させ**、**投資が継続**しているとみる場合には、**譲渡損益を実現させない**という考え方で整理されています（分離等基準10、32、48〜51）。

　さらに、現物分配を受けた場合にも、被結合企業の株主に係る会計処理と同様の処理を行います（分離等基準52）。

　「投資が清算」「投資が継続」というと難しいですが、グループ内の法人との組織再編では、**対価が現金である場合を除き、ほとんどの事案において、投資が継続しているとみなされる**ので、譲渡損益を実現させないことが多いと思われます。

*1　「取得」とは、ある企業が他の企業または企業を構成する事業に対する支配を獲得することをいいます（結合基準9）。現行会計基準では、共同支配企業の形成および共通支配下の取引以外の企業結合は、取得として処理されます（結合基準17）。

*2　「共同支配企業の形成」とは、複数の独立した企業が契約等に基づき、当該共同支配企業を形成する企業結合をいいます（結合基準11）。

*3　「共通支配下の取引」とは、結合当事企業（または事業）のすべてが、企業結合の前後で同一の株主により最終的に支配され、かつ、その支配が一時的ではない場合の企業結合をいいます（結合基準16）。親会社と子会社の合併および子会社同士の合併は、共通支配下の取引に含まれます。

〈事業分離等会計〉

投資が清算	譲渡損益を実現
投資が継続	譲渡損益を未実現

③ 合併の会計

*4　同条では、持分会社の社員資本として、資本金、資本剰余金および利益剰余金が定められています。持分会社の社員資本では、株式会社の株主資本と異なり、資本準備金や利益準備金といった概念はありません。

（1）概　要

　組織再編に係る純資産の部の取扱いは、会社計算規則において詳細に規定されており、かつ、登記実務において、「資本金の額が会社法第445条第5項の規定に従って計上されたことを証する書面」が必要となります。

　そのため、中小企業といえども、純資産の部の取扱いは厳守する必要があります。

　組織再編に係る純資産の部の取扱いは、それぞれの組織再編に対して規定されていますが、吸収合併、分社型分割および株式交換を理解すれば、その他の組織再編も理解できます。そのため、本書では、吸収合併、分社型分割および株式交換についてのみ解説します。

（2）純資産の部の考え方

　会社計算規則76条では、株式会社の株主資本として、資本金、資本剰余金（資本準備金およびその他資本剰余金）、利益剰余金（利益準備金およびその他利益剰余金）が定められています*4。

　会社法では、債権者保護の観点から、資本金、法定準備金および剰余金という区別が重要です。これに対し、企業会計では、元手である資本と儲けである利益の区別が重要です。この両方の目的を達成するために、以下のように区分しています。

〈会社法と会計の融合〉

		企　業　会　計	
		資　　本	利　　益
会社法	資　本　金	資　本　金	
	法定準備金	資本準備金	利益準備金
	剰　余　金	その他資本剰余金	その他利益剰余金

（3）取得に該当する場合

　「取得」に該当する合併を行った場合には、パーチェス法により会計処理を行います（結合基準17）。パーチェス法とは被合併法人の資産および負債を時価で取得する方法をいいます。そして、パーチェス法では、合併により増加した株主資本の額を**資本金の額、資本準備金およびその他資本剰余金に任意に配分**します（会計35②）。

　この場合、**増加する株主資本の額の2分の1以上を資本金の額に組み入れるという規定は適用されないため**[*5]、増加する株主資本の額が10億円であっても、増加資本金の額を0円とし、増加する株主資本の額のすべてをその他資本剰余金に配分することができます。ただし、このように処理したとしても、本章第7節で解説するように、税務上の資本金等の額は、法人税法の規定により算定されることから、**住民税均等割の節税にはなりません**。

【パーチェス法における受入仕訳】

（諸　　資　　産）	3,000百万円	（諸　　負　　債）	2,000百万円
		（資　　本　　金）	0百万円
		（資　本　剰　余　金）	1,000百万円

（4）子会社同士の合併

① 原則的な取扱い

　子会社同士の合併[*6]を行った場合には、被合併法人の資産および負債を簿価で合併法人に引き継ぐ必要があります（結合基準41）。そして、子会社同士の合併では、会社計算規則35条に規定する**資本金の額、資本準備金およびその他資本剰余金に任意に配分する方**

*5　増加する株主資本の額の2分の1以上を資本金の額に組み入れるということは会社法445条1項～3項に規定されていますが、合併を行った場合には、同条5項が適用される結果、会社法445条1項に定める「別段の定め」により同項は適用されません。このように、増加する株主資本の額の2分の1以上を資本金の額に組み入れるという規定が適用されないことから、増加する株主資本の額のすべてをその他資本剰余金に組み入れることが可能になります。

*6　「子会社同士の合併」には、同一の法人によって支配されている子会社同士の合併だけでなく、同一の個人によって支配されている子会社同士の合併も含まれます。

法と、同 36 条に規定する**被合併法人の純資産の部をそのまま引き
継ぐ方法**の 2 つのうち、**有利な方法を選択**することができます。

【共通支配下の取引等】

イ．被合併法人の貸借対照表（簿価ベース）

科　　目	金　　額	科　　目	金　　額
資　産	3,000百万円	負　債	2,000百万円
		資本金	10百万円
		資本準備金	10百万円
		利益準備金	2百万円
		利益剰余金	978百万円
合　計	3,000百万円	合　計	3,000百万円

ロ．受入仕訳（35 条適用）

    （諸　資　産）3,000百万円　　（諸　負　債）　2,000百万円

                        （資　本　金）　　　0百万円

                        （資 本 剰 余 金）　1,000百万円

ハ．受入仕訳（36 条適用）

    （諸　資　産）3,000百万円　　（諸　負　債）　2,000百万円

                        （資　本　金）　　　10百万円

                        （資 本 準 備 金）　10百万円

                        （利 益 準 備 金）　　2百万円

                        （利 益 剰 余 金）　978百万円

考えてみよう

　会社計算規則35条を適用し、増加した純資産を資本準備金またはその
他資本剰余金に配分すれば、資本金の額を増やしたくないという浅場
社長の要望に応えることができます。
　それでは、合併に伴って、①被合併法人の資本金の額を引き継ぐだけで
なく、それ以上の資本金の額を増加させたい場合、②合併後の利益剰余金を大きくした
い場合とは、それぞれどのような場合か、考えてみましょう。

② 被合併法人が債務超過である場合

　子会社同士の合併を行った場合には、被合併法人が債務超過であったとしても、会社計算規則 35 条に規定する資本金の額、資本準備金およびその他資本剰余金に任意に配分する方法と、同 36 条に規定する被合併法人の純資産の部をそのまま引き継ぐ方法の 2 つを選択適用することができます。しかし、会社計算規則 35 条に規定する資本金の額、資本準備金およびその他資本剰余金に任意に配分する方法を選択する場合には、資産および負債を簿価で引き継ぐことから、増加する株主資本の額がマイナスになるという問題があります。そのため、この方法を選択する場合には、**その他利益剰余金の減少額**として処理します。具体的には、以下の事例をご参照ください。

【債務超過会社との合併】

　イ．被合併法人の貸借対照表（簿価ベース）

科　　目	金　　額	科　　目	金　　額
資　産	3,000百万円	負　債	4,000百万円
		資本金	10百万円
		資本準備金	10百万円
		利益剰余金	△1,020百万円
合　計	3,000百万円	合　計	3,000百万円

　ロ．受入仕訳（35 条適用）

　　　（諸　資　産）3,000百万円　　（諸　負　債）　　4,000百万円

　　　　　　　　　　　　　　　　　　（利益剰余金）　△1,000百万円

　ハ．受入仕訳（36 条適用）

　　　（諸　資　産）3,000百万円　　（諸　負　債）　　4,000百万円

　　　　　　　　　　　　　　　　　　（資　本　金）　　　10百万円

　　　　　　　　　　　　　　　　　　（資本準備金）　　　10百万円

　　　　　　　　　　　　　　　　　　（利益剰余金）　△1,020百万円

③ 無対価合併

会社法上、吸収合併、吸収分割および株式交換に対しては、何ら対価を交付しない形での組織再編が認められています。これに対し、新設合併、新設分割および株式移転では、無対価組織再編は認められていません。

この場合における会計処理について、会社計算規則36条2項では、「吸収合併の直前の吸収合併消滅会社の資本金及び資本剰余金の合計額を当該吸収合併存続会社の**その他資本剰余金の変動額**とし、吸収合併の直前の利益剰余金の額を当該吸収合併存続会社の**その他利益剰余金の変動額**とすることができる」と規定されています。上記の事例をもとに仕訳を行うと以下のとおりです。

【無対価合併】

（諸 資 産）	3,000百万円	（諸 負 債）	2,000百万円
		（資本剰余金）	20百万円
		（利益剰余金）	980百万円

マヤ

> 無対価合併の場合には、資本金の額や法定準備金を増やすことはできないんだね。

（5）親子会社間の合併

親会社を合併法人とし、子会社を被合併法人とする吸収合併を行う場合には、子会社から受け入れた純資産のうち親会社持分に相当する部分の金額と、親会社が保有していた子会社株式の帳簿価額との差額を**特別損益**として計上します（結合指針206）。

具体的には、親会社の保有比率が100%であり、子会社株式の帳簿価額が700百万円である場合において、子会社から受け入れた簿価純資産が600百万円であるときは、特別損失の金額は100百万円になります。このような会計処理は、本章第7節で解説する税務上の受入処理と大きく異なります。

【子会社の吸収合併（100％子会社との合併）】

イ．前提条件

- 合併法人A社、被合併法人B社
- 受け入れた資産の帳簿価額は 3,000 百万円、負債の帳簿価額は 2,400 百万円である。
- 合併法人は被合併法人の発行済株式のすべてを支配しており、被合併法人株式の帳簿価額は 700 百万円である。

ロ．仕 訳

| （諸 資 産） | 3,000百万円 | （諸 負 債） | 2,400百万円 |
| （特 別 損 失） | 100百万円 | （子 会 社 株 式） | 700百万円 |

④ 分社型分割の会計

　グループ内で分社型分割を行った場合には、共通支配下の取引等に該当するため、資産および負債を簿価で引き継ぎます。なお、分割後に分割承継法人株式を譲渡することが見込まれていたとしても、会計上、分割時点では譲渡損益を実現させずに、株式譲渡時点で譲渡損益を実現させます。

　そして、分社型分割を行った場合には、合併と異なり、分割法人の株主資本の額が減少するわけではないため、分割法人の利益準備金やその他利益剰余金を分割承継法人に引き継ぐという考え方はありません。そのため、増加した株主資本の額を**資本金の額、資本準備金およびその他資本剰余金に任意に配分**します（計規37 ②、49 ②）。

　これに対し、分割事業が債務超過である場合には、**その他利益剰余金のマイナス**として処理します。この場合には、分割法人において、分割前に保有している分割承継法人株式の帳簿価額を充て、これを超えることとなったマイナスの金額を「**組織再編により生じた株式の特別勘定**」等、適切な科目をもって負債に計上します（結合指針226、計規12）。

【分社型分割の仕訳（資産超過の場合）】

● 分割法人

（負　　　　　債）	2,000百万円	（資　　　　　産）	3,000百万円
（承継法人株式）	1,000百万円		

● 分割承継法人

（資　　　　　産）	3,000百万円	（負　　　　　債）	2,000百万円
		（資　本　金）	0百万円
		（資本準備金）	0百万円
		（資本剰余金）	1,000百万円

【分社型分割の仕訳（債務超過の場合）】

● 分割法人

（負　　　　　債）	4,000百万円	（資　　　　　産）	3,000百万円
		（承継法人株式）	200百万円
		（特　別　勘　定）	800百万円

● 分割承継法人

（資　　　　　産）	3,000百万円	（負　　　　　債）	4,000百万円
		（利益剰余金）	△1,000百万円

5 株式交換の会計

　株式交換を行った場合には、株式交換完全親法人が株式交換完全子法人株式を取得し、対価として株式交換完全親法人株式を交付します。そして、会計上、増加した株主資本の額は、**資本金の額、資本準備金およびその他資本剰余金に任意に配分**します（計規39 ②本文）。

　しかし、株式交換を行った場合には、**債権者異議手続を行わない限り**、その他資本剰余金に配分することは認められておらず、**資本金の額および資本準備金に配分**する必要があります（計規39 ②但書）*7。

　なお、会社法上、株式交換を行った場合に債権者異議手続が必要

*7　株式移転の場合には、このような制約はないため、債権者異議手続を行っていない場合であっても、その他資本剰余金に配分することができます（会計52②）。

になるのは、現金交付型株式交換を行う場合や新株予約権付社債が発行されていた場合であるため（会社法 799 ①三）、債権者異議手続が不要なことがほとんどです。このような場合に、敢えて債権者異議手続を行うことによりその他資本剰余金に配分することができるかについては争いがあります。

【完全親法人の仕訳】

（子 会 社 株 式）	×××	（資　　本　　金）	×××
		（資 本 準 備 金）	×××
		（資 本 剰 余 金）	×××

　上記の仕訳では、子会社株式の受入価額について注意しましょう。株式交換を行った場合には、原則として、子会社株式を時価で受け入れます（結合指針 110）。共通支配下の取引等に該当する場合であっても、少数株主からの追加取得と認められる場合には、同様の処理を行いますが（結合指針 236）、同一の株主により支配されている法人同士の株式交換では、株式交換完全子法人の簿価純資産価額を基礎に計算すべきであると考えられます。

ユウタ

債権者異議手続ができない場合には、登録免許税（本章第 13 節参照）を安くするために、資本準備金に配分するケースが多いだろうね。

6 **おわりに**

　本節では、組織再編の会計処理について解説しました。中小企業であっても、増加資本金の額に係る登記を適正に行うために、純資産の部の取扱いを遵守する必要があるので、きちんと理解しておきましょう。

課税されずに
組織再編を行うためには

税制適格要件の判定

マヤ

> 折田社長は、折田酒造と折田不動産を合併させたいみたいだよ。でも、折田不動産は従業員がいないし、不動産賃貸料を稼ぐだけの会社だから、こんな合併で税制適格要件を満たすのかしら？

> 確かに、組織再編って、事業の移転が必要なイメージがあるよね。従業員がいない会社でも問題なければ、繰越欠損金だけあるペーパー会社との合併でも問題ないことになってしまう。やっぱり、事業の移転がないと、税制適格要件を満たすことはできないんじゃないかな。

ユウタ

コウジ

> 別に、会社法では、合併も分割も事業の移転を前提にしていないよ。そもそも、現物出資や現物分配なんか、ほとんど事業が移転しないじゃないか。事業が移転しないことだけで、税制適格要件を満たさないなんてことはないと思うけど。

皆さんは、税制適格要件をどのように判定するか知っていますか？適格組織再編に該当した場合には、資産および負債を簿価で移転し、非適格組織再編に該当した場合には、資産および負債を時価で移転することから、税制適格要件の判定は、組織再編を行ううえで、まず最初に行わなければならないことといえます。

さらに、繰越欠損金の引継ぎの問題もあります。中小企業では、被合併法人の繰越欠損金を利用するために合併を行うことも多いでしょう。適格合併を行った場合には、被合併法人の繰越欠損金を合併法人に引き継ぐことができるため、税制適格要件の判定はきちんと理解しておく必要があります。

サトウ先生

1 支配関係と完全支配関係

（1）基本的な考え方

　本節で解説するように、支配関係または完全支配関係がある場合の税制適格要件が定められていることから、税制適格要件を理解するためには、支配関係および完全支配関係の定義を理解する必要があります。

　支配関係および完全支配関係の定義は、以下のとおりです。

◆支配関係

　発行済株式または出資[*1]（自己株式または出資を除く）の総数または総額の**100分の50を超える数または金額**の株式または出資を直接または間接に有する関係（法法2十二の七の五、法令4の2①）。

◆完全支配関係

　発行済株式または出資（自己株式または出資を除く）の全部を直接または間接に有する関係[*2]（法法2十二の七の六、法令4の2②）。

（2）親子関係と兄弟関係

　支配関係および完全支配関係には、次のように、**親子関係**と**兄弟関係**の両方が含まれます。

①親子関係 （当事者間の完全支配関係）

＊1　持分会社における支配関係および完全支配関係の判定は、発行済株式ではなく、出資金額に占める割合で判定するほかは、株式会社と変わりません。そのため、本節では、株式会社を前提として解説します。

＊2　厳密には、従業員持株会が保有する株式と新株予約権の行使により役員または使用人が保有することとなった株式との合計額が発行済株式総数の5％未満であって、残りの株式のすべてが保有されていれば、完全支配関係が成立します。
しかし、このような株式は換金性が低いため、実際に、このようなケースに該当することは、ほとんどありません。

②兄弟関係（同一の者による完全支配関係）

さらに、支配関係、完全支配関係の判定は、**直接保有割合**だけでなく、**間接保有割合**も含めて判定します。そのため、下図のような100％孫会社は、子会社を通じて、親会社が孫会社の発行済株式の全部を間接に保有していることから、完全支配関係が成立していると考えられます。

【間接の親子関係】

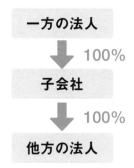

（3）「同一の者」が個人である場合の取扱い

前述のように、同一の者によって、一方の法人と他方の法人の発行済株式の全部が保有されている場合（兄弟関係）には、完全支配関係が成立していると考えられます。

そして、実務上、株主（＝同一の者）が個人である場合における完全支配関係の判定方法が重要になります。なぜなら、当該個人が保有する株式のほか、「特殊の関係のある個人」が保有する株式を合算して、完全支配関係での合併か否かを判断するからです（法令4の2②）。

なお、「特殊の関係のある個人」には、**株主等の親族**が含まれます*3。この場合における「親族」とは、**6親等内の血族、配偶者、3親等内の姻族**のことをいいます（民法725）。

*3 「特殊の関係のある個人」とは、以下のものをいいます（法令4①）。
（イ）株主等の親族
（ロ）株主等と婚姻の届出をしていないが事実上婚姻関係と同様の事情にある者
（ハ）株主等の使用人（法人の使用人ではなく、個人株主の使用人）
（ニ）（イ）～（ハ）に掲げる者以外の者で株主等から受ける金銭その他の資産によって生計を維持しているもの
（ホ）（ロ）～（ニ）に掲げる者と生計を一にするこれらの親族

【親族が保有している場合】

　そのため、上図のケースでは、①X氏が保有する株式と②Y氏（X氏の長男）が保有する株式とを合算すると、一方の法人と他方の法人の発行済株式の全部が**同一の者（X氏およびY氏）によって**保有されていることから、完全支配関係が成立します。

　さらに、前述のように、直接保有割合だけでなく間接保有割合を含めて判定を行うため、下図のように、X氏が発行済株式の全部を保有している法人（A社）が一方の法人または他方の法人の株式を保有している場合には、それらを含めて判定を行います。ただし、一般社団法人は、**持分のない法人**であることから、当該一般社団法人が保有している株式は、間接保有割合には含まれません。

【親族が間接保有している場合】

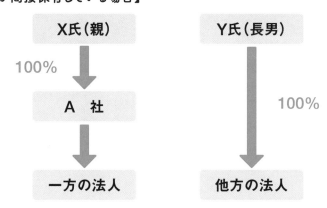

中小企業では、株主名簿上の株主と実質的な株主が異なることがあります。そのような場合には、株主名簿上の名義人ではなく、実際の権利者により判定する必要があります（法基通1-3の2-1）。

この点については、税制適格要件の判定というよりも、繰越欠損金の引継制限における支配関係発生日の判定で問題になることが多いため、本章第5節で解説します。

サトウ先生

2 合併における税制適格要件

（1）概　要

　合併における税制適格要件は、①グループ内の適格合併、②共同事業を行うための適格合併の2つに大きく分けられます。

　また、①グループ内の適格合併は、（ⅰ）完全支配関係内の適格合併（100％グループ内の適格合併）と、（ⅱ）支配関係内の適格合併（50％超100％未満グループ内の適格合併）に分けられます。その具体的な内容は以下のとおりです（法法2十二の八）。

〈税制適格要件〉

グループ内		共同事業
完全支配関係	**支配関係**	
（イ）金銭等不交付要件	（イ）金銭等不交付要件 （ロ）従業者従事要件 （ハ）事業継続要件	（イ）金銭等不交付要件 （ロ）従業者従事要件 （ハ）事業継続要件 （ニ）事業関連性要件 （ホ）事業規模要件または特定役員引継要件 （ヘ）株式継続保有要件

　合併には、新設合併と吸収合併の2つがありますが、税制適格要件の判定における新設合併と吸収合併の基本的な考え方がほとんど変わらないことと、実務上、新設合併が行われるのは稀であることから、以下では、吸収合併を前提に解説します。

（2）金銭等不交付要件

　税制適格要件を満たすためには、①グループ内の適格合併、②共同事業を行うための適格合併のいずれであっても、金銭等不交付要件が課されています。

　金銭等不交付要件を満たすためには、被合併法人の株主に**合併法人株式以外の資産**が交付されないことが必要になります[*4]。そして、合併法人株式以外の資産が交付されないことが要求されていることから、1円でも合併交付金を交付した場合には非適格合併に該当してしまいます[*5]。

　しかし、以下のようなものを「金銭等の交付」とするのは制度趣旨に反するため、金銭等の交付から除外されています（法法２十二の八、法基通１４２）。

- ・　配当金見合いの合併交付金
- ・　1株未満の端数に対して交付した金銭
- ・　反対株主の株式買取請求に対する株式の買取代金

　なお、合併比率の調整金は、「1株未満の端数に対して交付した金銭」とは明らかに異なるので、このような調整金を支払った場合には、金銭等不交付要件に抵触してしまうという点に注意しましょう。

（3）無対価合併

　会社法上、何ら対価を交付しない無対価合併が認められています。このような無対価合併であっても、合併法人株式以外の資産は交付されていないことから、金銭等不交付要件には抵触しません。

　しかし、対価の交付を省略したと認められる場合はともかくとして、それ以外の場合には、被合併法人の株主における処理が問題となります。そこで、平成22年度税制改正、平成30年度税制改正により、対価の交付を省略したと認められない場合には、非適格合併として取り扱うことになりました（法令４の３②～④）。なお、対価の交付を省略したと認められる場合において、他の要件を満たすときは、適格合併として処理することができますが、**そもそも合併法人株式を交付していれば**、対価の交付を省略したと認められるか

*4　条文上、厳密には、被合併法人の株主に合併法人株式または合併親法人株式のいずれか一方の株式以外の資産が交付されないことが要件とされています（法法２十二の八）。この場合の「合併親法人株式」を交付する合併とは三角合併のことをいいます。しかし、上場企業や外資系企業であれば、三角合併を行うことはあり得ますが、中小企業で利用されることはほとんどありません。そのため、中小企業の合併では、被合併法人の株主に合併法人株式以外の資産が交付されないことが要件となっているという理解で問題ありません。

*5　平成29年度税制改正により、合併法人が被合併法人の発行済株式総数の3分の2以上を保有している場合には、金銭等不交付要件の特例が設けられましたが、実務上、ほとんど利用されないと思われます。

どうかの検討を行う必要はありません。

そして、無対価合併は、上場会社の子会社同士の合併のように、金融商品取引法の規制を免れるために生み出された手法です。これに対し、中小企業では、実務上の手間やコストが大幅に削減されるものでもなく、無対価合併を行うメリットはありません。

このように、中小企業では無対価合併のメリットがない一方で、対価の交付を省略したと認められない場合には、非適格合併に該当してしまうという不都合があることから、**無対価合併を避けるべき**であると考えられます*6。

*6　ただし、合併法人が被合併法人の全部を保有している場合には、会社法上、合併法人が保有している被合併法人株式に対して合併対価資産を割り当てることができないことから（会社法749①三）、無対価合併を選択せざるを得ません。このような無対価合併は、対価の交付を省略したと認められるものとして、条文に列挙されています（法令4の3②一）。

（4）完全支配関係内の適格合併

完全支配関係内の合併（100％グループ内の合併）を行った場合には、被合併法人の株主に合併法人株式以外の資産が交付されなければ、適格合併に該当します。そして、以下の2つのケースについて、完全支配関係内の合併に該当すると規定されています（法法2十二の八イ、法令4の3②、4の2②）。

①完全支配関係の考え方
（ⅰ）親子関係

合併に係る被合併法人と合併法人との間にいずれか一方の法人が他方の法人の発行済株式の全部を直接または間接に保有する関係がある場合。

（ⅱ）兄弟関係

合併前に当該合併に係る被合併法人と合併法人との間に同一の者によってそれぞれの法人の発行済株式の全部を直接または間接に保有される関係があり、<u>かつ、当該合併後に当該同一の者によって当</u>

該合併法人の発行済株式の全部を直接または間接に継続して保有されることが見込まれている場合。

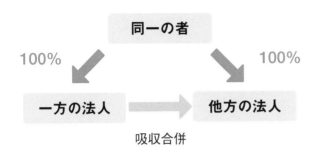

吸収合併

*7　このように、完全支配関係内の適格合併では、合併後の完全支配関係の継続が要求され、支配関係内の適格合併では、合併後の支配関係の継続が要求されています。これらを包括して、本書では、「支配関係継続要件」と表記します。

　このように、兄弟関係での合併では、合併後の完全支配関係の継続が要求されているものの*7、親子関係での合併では、合併後に、一方の法人と他方の法人との間の完全支配関係が継続することは物理的に不可能であるため、合併の直前の完全支配関係のみが要求されています。

　このような、**組織再編の直前**と**組織再編後の継続見込み**の2つを要求することを原則としながらも、たとえば、単独新設分割の場合における分割前の資本関係のような物理的に完全支配関係の存在を要求することが不可能な場合は例外として要求しないという考え方は、分割、現物出資および株式交換等・移転であっても、同様に採用されています。

　そして、「当該合併後に当該同一の者と当該合併に係る合併法人との間に当該同一の者による完全支配関係が継続すること」と規定されているため、株式を譲渡しなかったとしても、募集株式の発行等によりグループ外の者が合併法人の株主になる場合には、完全支配関係が崩れることから、完全支配関係内の合併に該当しません。

　これに対し、グループ内の法人や親族に譲渡をしたとしても、**完全支配関係が継続していれば**、完全支配関係内の合併に該当します。なお、親族を含めて完全支配関係を判定するという点については、前述❶（3）をご参照ください。

【合併後の株式譲渡】

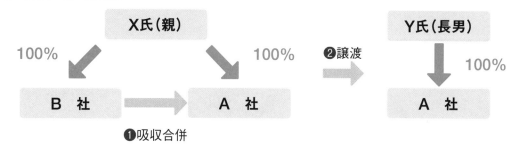

合併前に、合併法人が被合併法人の発行済株式の全部を直接または間接に保有する関係がある場合において、金銭等不交付要件を満たすときは、完全支配関係内の適格合併に該当します。これは、合併の直前で判定するため、合併の数か月前に合併法人が被合併法人の発行済株式の全部を取得した場合であっても、完全支配関係内の適格合併に該当します。

この点につき、繰越欠損金を目的にしたM&Aが行われる可能性を懸念された読者もいるかもしれませんが、本章第5節で解説するように、繰越欠損金の引継制限が課されています。

サトウ先生

②「同一の者」が個人である場合の取扱い

同一の者によって、合併法人と被合併法人の発行済株式の全部が保有されている場合には、完全支配関係内の合併に該当します。そして、❶（3）で解説したように、中小企業では、親族等が保有している株式を含めて完全支配関係の判定を行います。

【親族が保有している会社との合併】

上図のケースでは、X氏が保有する株式とY氏（X氏の長男）が

保有する株式とを合算すると、合併前に、同一の者によって合併法人A社と被合併法人B社が発行済株式の全部を保有されていることから、合併後に、X氏およびY氏によるA社に対する完全支配関係が継続することが見込まれていれば、完全支配関係内の合併に該当します。

さらに、前述のように、直接保有割合だけでなく間接保有割合を含めて判定を行うため、X氏またはY氏が発行済株式の全部を保有している法人（P社）が合併法人株式（A社株式）または被合併法人株式（B社株式）を保有している場合には、それらを含めて判定を行います。

中小企業のグループ内再編では、**同族株主のみであるケースが多い**ため、ほとんどが完全支配関係内の合併に該当すると思われます。

【親族が間接保有している会社との合併】

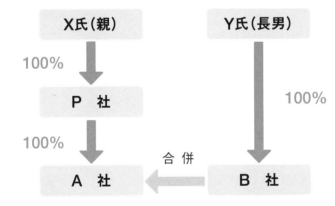

えっ？ 親族や子会社を含めてよいなら、ほとんどが完全支配関係内の合併か、支配関係内の合併に該当してしまうよね。

マヤ

（5）支配関係内の適格合併

支配関係内の合併（50％超100％未満グループ内の合併）は、以下の要件を満たした場合に、適格合併として取り扱われます（法法2十二の八ロ）。

（イ）金銭等不交付要件
（ロ）従業者従事要件
（ハ）事業継続要件

　以下では、「従業者従事要件」「事業継続要件」について解説します。

①従業者従事要件
　従業者従事要件を満たすためには、**被合併法人の合併の直前の従業者**のうち、その総数のおおむね**100分の80以上**に相当する数の者が、合併後に**合併法人の業務に従事する**ことが見込まれている必要があります（法法2十二の八ロ（1））。そして、合併法人の合併の直前の従業者に対しては、従業者従事要件は課されておらず、被合併法人の合併の直前の従業者に対してのみ従業者従事要件が課されています。
　この場合の「従業者」とは、「従業員」とは異なり、「被合併法人の合併前に行う事業に現に従事する者」をいい（法基通1-4-4）、具体的には、以下の者が含まれます。

◆従業者の範囲
　従業員だけでなく、取締役、監査役、執行役員、出向受入社員、派遣社員、アルバイトやパートタイムで働いている者が含まれます。
　ただし、他社に出向している者は、「従業者」からは除かれます。

サトウ先生

従業者の範囲には、取締役、監査役が含まれますが、中小企業では、名ばかりの取締役、監査役であり、勤務実態も報酬の支払いもないケースが少なくありません。
このような名ばかりの取締役、監査役は、従業者の範囲からはずすべきであるという見解もあります。

②事業継続要件
　事業継続要件を満たすためには、被合併法人が**合併前に行う主要な事業**が合併後に合併法人において**引き続き行われることが見込ま**

れている必要があります（法法２十二の八ロ（2））。そして、従業者
従事要件と同様に、合併法人が合併前に行う事業に対しては、事業
継続要件は課されておらず、被合併法人が合併前に行う事業に対し
てのみ事業継続要件が課されています。

ユウタ

> 支配関係内の合併なら、従業者従事要件や事業継続要件が求められ
> るけど、完全支配関係内の合併なら、これらの要件を満たす必要は
> ないんだね。

（6）共同事業を行うための適格合併

共同事業を行うための適格合併に該当するためには、以下の６つ
の要件を満たす必要があります（法法２十二の八ハ、法令４の３④）。

（イ）金銭等不交付要件

（ロ）従業者従事要件

（ハ）事業継続要件

（ニ）事業関連性要件

（ホ）事業規模要件または特定役員引継要件

（ヘ）株式継続保有要件

しかしながら、前述のように、事前に株式を買い取ることにより、
合併前に、支配関係または完全支配関係が成立した場合には、グルー
プ内の合併に該当します。そのため、共同事業を行うための適格合
併は、事前に株式を買い取らず、かつ、合併後も被合併法人の株主
が合併法人の株主として残る場合が考えられます。

以下では、「事業関連性要件」「事業規模要件」「特定役員引継要件」
「株式継続保有要件」について解説します。

①事業関連性要件

事業関連性要件を満たすためには、**被合併法人の被合併事業と合
併法人の合併事業**が**相互に関連している**必要があります（法令４の
３④一）。

そして、被合併事業、合併事業とは、以下のように定義されていますが、被合併法人も合併法人も単一事業であると認定されることが多いことから、被合併法人が行う事業を被合併事業とし、合併法人が行う事業を合併事業と考えて差し支えありません。

◆被合併事業

被合併法人の合併前に行う主要な事業のうちのいずれかの事業

◆合併事業

合併法人の合併前に行う事業のうちのいずれかの事業

②事業規模要件

事業規模要件を満たすためには、合併の直前における被合併法人の被合併事業と合併法人の合併事業のそれぞれの売上金額、従業者の数、被合併法人と合併法人のそれぞれの資本金の額もしくはこれらに準ずるものの規模の割合が**おおむね5倍**を超えないことが必要になります（法令4の3④二）。

また、売上金額、従業者の数、資本金の額、これらに準ずるもののすべての規模の割合がおおむね5倍以内である必要はなく、**いずれか1つのみ**がおおむね5倍以内であれば事業規模要件を満たすことができます（法基通1-4-6（注））。

サトウ先生

中小企業の組織再編では、資本金の額の規模の割合が5倍以内であることが多いことから、事業規模要件を満たすことができる事案がほとんどです。そして、みなし共同事業要件にも類似の規定があることから、実務上、支配関係が生じてから5年以内に行われる合併における繰越欠損金の利用でも同様のことがいえます。この点については、第2章第13節で解説します。

③特定役員引継要件

事業規模要件の代替として、特定役員引継要件が認められています。具体的には、被合併法人の合併前における特定役員である者のいずれかの者と合併法人の合併前における特定役員である者のいずれかの者とが、当該合併後に合併法人の特定役員となることが見込

まれていれば、特定役員引継要件を満たすことができます（法令 4 の 3 ④二）。

この場合、「いずれか」と規定されていることから、**被合併法人 の特定役員 1 人以上と合併法人の特定役員 1 人以上**とが、合併後 における合併法人の特定役員になることが見込まれていればよく、 全員が合併後における合併法人の特定役員になることまでは要求さ れていません。ただし、合併法人と被合併法人の双方の特定役員が、 合併後に合併法人の特定役員になることが要求されているため、合 併法人の特定役員だけが合併後の特定役員になり、被合併法人の 特定役員が合併後の特定役員にならない場合には、特定役員引継要件 を満たすことができません。

なお、特定役員とは、以下のように定義されているため、取締役 のうち、**常務取締役以上の職位**であれば、原則として、特定役員に 該当します。

◆特定役員の定義

社長、副社長、代表取締役、代表執行役、専務取締役、常務取締 役またはこれらに準ずる者で法人の経営に従事している者

④株式継続保有要件

共同事業を行うための適格合併の要件を満たすためには、「株式 継続保有要件」を満たす必要があります（法令 4 の 3 ④五）。ただし、 被合併法人に支配株主*8 がいない場合には、株式継続保有要件を満 たす必要はありません。

そして、株式継続保有要件を満たすためには、**支配株主およびそ の子会社**が交付を受けた合併法人株式の**全部**を継続して保有するこ とが見込まれていることが必要になります（法令 4 の 3 ④五）。

なお、合併法人株式の全部を継続して保有することが要求されて いることから、**1 株でも**譲渡をすることが見込まれている場合には、 株式継続保有要件を満たすことができません。

*8　被合併法人の発行済 株式総数の50％超を直接 または間接に保有する株主 をいいます。

3 分割における税制適格要件

（1）概　要

分割における税制適格要件は、①グループ内の適格分割、②共同事業を行うための適格分割の2つに大きく分けられます[9]。

また、①グループ内の適格分割は、（ⅰ）完全支配関係内の適格分割（100％グループ内の適格分割）と（ⅱ）支配関係内の適格分割（50％超100％未満グループ内の適格分割）に分けられます。その具体的な内容は以下のとおりです（法法2十二の十一）。

＊9　厳密には、スピンオフのための適格分割も規定されていますが、他の者による支配関係がないことを前提としているので、中小企業で行われることはほとんどありません。そのため、本書では解説しません。

〈税制適格要件〉

グループ内		共同事業
完全支配関係	**支配関係**	
（イ）金銭等不交付要件 （ロ）按分型要件 　　（分割型分割のみ）	（イ）金銭等不交付要件 （ロ）按分型要件（分割型分割のみ） （ハ）主要資産等引継要件 （ニ）従業者従事要件 （ホ）事業継続要件	（イ）金銭等不交付要件 （ロ）按分型要件（分割型分割のみ） （ハ）主要資産等引継要件 （ニ）従業者従事要件 （ホ）事業継続要件 （ヘ）事業関連性要件 （ト）事業規模要件または特定役員引継要件 （チ）株式継続保有要件

このように、合併と比べると、分社型分割を行った場合には、主要資産等引継要件が追加的に課されており、分割型分割を行った場合には、按分型要件および主要資産等引継要件が追加的に課されています。その具体的な内容は、以下のとおりです。

◆按分型要件

分割型分割を行った場合に、分割法人の株主が有する分割法人株式の数の割合に応じて、分割承継法人株式が交付される必要があります。しかし、按分型要件を満たさない分割型分割を行うことは、実務上、ほとんどありません。

◆**主要資産等引継要件**

分割事業に係る主要な資産および負債が分割承継法人に移転している必要があります。

4 現物出資における税制適格要件

現物出資における税制適格要件は、分社型分割と変わりません。ただし、**個人**から法人に対する現物出資に対して税制適格要件は認められていないため、個人から法人に対する現物出資のすべてが非適格現物出資に該当するという点に注意しましょう。

5 現物分配における税制適格要件

現物分配における税制適格要件は、他の組織再編と異なり、完全支配関係内の適格現物分配しか認められていません（法法２十二の十五）*10。

*10 厳密には、スピンオフのための適格現物分配（適格株式分配）が認められていますが（法法２十二の十五の三）、中小企業で行われることはほとんどありません。

6 株式交換等・移転における税制適格要件

株式交換等・移転については、本章第10節で解説を行います。

7 おわりに

本節では、税制適格要件の判定方法について解説しました。実務上、ほとんどの事案が税制適格要件を満たすと思いますが、非適格組織再編に該当してしまうと、繰越欠損金も引き継げませんし、譲渡損益も発生してしまいます。そのため、税制適格要件の判定は、間違えてはいけない基本的な事項であるといえます。

第 **5** 節

繰越欠損金、資産の含み損を使いたい

繰越欠損金、特定資産譲渡等損失額

ユウタ

戸田社長は、買収してきた竹田温泉と合併したいみたいだね。竹田温泉には多額の繰越欠損金があるから、適格合併に該当したほうがいいよね。一応、今のところは、グループ会社だから、何とか税制適格要件は満たすんじゃないかな。

ちょっと待ってよ。確かに、今はグループ会社かもしれないけど、そもそも買収してから1年も経っていない会社じゃない。こんなのまで、グループ内の合併ということで税制適格要件を満たせるとは思えないんだけど。

マヤ

コウジ

マヤの言うことはよくわかるよ。でも、今のところは、両方とも戸田社長が保有している会社だから、一応は、グループ内の合併と考えていいんじゃないかな。でも、こんな取引は、組織再編税制を作った時から想定できてただろうから、何か制約がありそうなものだけど。

本章第4節で学んだように、買収してきた法人と合併する場合であっても、合併の直前に完全支配関係または支配関係があれば、グループ内の合併に該当します。そのため、ほとんどの事案において税制適格要件を満たすことができてしまいます。

マヤやコウジが言うように、このような事案であっても、適格合併として繰越欠損金を引き継ぐことができてしまうと、容易に租税回避を行うことが可能になります。

これを防ぐために、支配関係が生じてから5年以内の合併に対しては、繰越欠損金の引継制限が課されています。

サトウ先生

1 繰越欠損金の引継ぎ

（1）基本的な取扱い

適格合併を行った場合には、被合併法人の繰越欠損金[*1]を合併法人に引き継ぐことができます（法法57②）[*2]。そして、被合併法人の繰越欠損金は、繰越欠損金が生じた**被合併法人の事業年度開始の日の属する合併法人の事業年度**で生じた繰越欠損金とみなされます。ただし、合併法人の合併事業年度開始の日以後に開始した被合併法人の事業年度で生じた繰越欠損金は、合併法人の**合併事業年度の前事業年度**で生じた繰越欠損金とみなされます。具体的には下図をご参照ください。

*1　繰越欠損金とは、青色申告書である確定申告書を提出している法人に対して認められている制度をいいます。具体的には、ある事業年度で発生した欠損金額について、その後の事業年度の所得と相殺することを認める制度をいいます。法人税法上、無制限に繰越期間が認められているわけではなく、9年間（2018年4月1日以後に開始する事業年度において生ずる欠損金額については10年間）に限定されています。

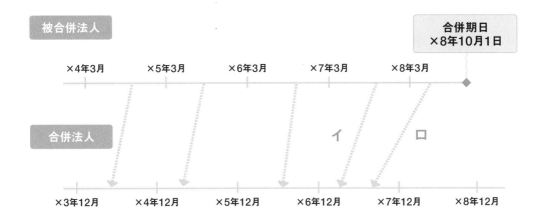

イ．被合併法人において、×8年3月期で生じた繰越欠損金は、事業年度開始の日である×7年4月1日が属する合併法人の事業年度が×7年12月期であることから、合併法人の×7年12月期で生じた繰越欠損金とみなされます。

ロ．被合併法人において、×8年9月期で生じた繰越欠損金は、合併法人の合併事業年度開始の日である×8年1月1日より後である×8年4月1日に開始した被合併法人の事業年度で生じた繰越欠損金であるため、合併法人の合併事業年度の前事業年度である×7年12月期で生じた繰越欠損金とみなされます。

*2　住民税には繰戻還付の制度がないため、法人税で繰戻還付を行っている場合には、住民税の計算上、「控除対象還付法人税額」として取り扱われます（地法53⑫、321の8⑫）。適格合併を行った場合には、控除対象還付法人税額も合併法人に引き継ぐことができます（地法53⑬、321の8⑬）。

✕ 失敗事例 ✕

　適格合併により引き継ぐことができる繰越欠損金は、被合併法人の適格合併の日前 10 年以内に開始した各事業年度において生じた繰越欠損金であり、かつ、繰越欠損金の繰越控除（法法 57 ①）、繰越欠損金の繰戻還付（法法 80 ①）の適用を受けていない部分の金額に限られます[*3]。

　たとえば、被合併法人が 3 月決算法人であり、合併法人が 12 月決算法人である場合において、適格合併の日が被合併法人の事業年度の期首である×10 年 4 月 1 日であるときは、その日から前 10 年以内（×0 年 4 月 1 日以後）に開始した事業年度である×0 年 4 月 1 日以後に開始した事業年度の繰越欠損金を引き継ぐことができます[*4]。

　これに対し、×10 年 7 月 1 日が適格合併の日になる場合には、その日から前 10 年以内（×0 年 7 月 1 日以後）に開始した事業年度である×1 年 4 月 1 日以後に開始した事業年度の繰越欠損金を引き継ぐことができます。

　このように、合併が数か月を遅れたことにより、×0 年 4 月 1 日から×1 年 3 月 31 日までの事業年度において生じた繰越欠損金を引き継ぐことができなくなってしまうという失敗事例があるので、注意しましょう。

*3　2018 年 4 月 1 日前に開始した事業年度において生じた繰越欠損金については、左記の 10 年を 9 年と読み替える必要があります（平成27年改正法附則27②）。

*4　×10 年 4 月 1 日が適格合併の日である場合には、「被合併法人の適格合併の日前 10 年以内に開始した各事業年度において生じた繰越欠損金」は、×0 年 4 月 1 日以後に開始した各事業年度において生じた繰越欠損金になります。この点についての条文の読み方を解説した書籍として、中島礼子『そうだったのか！ 組織再編条文の読み方』127-128頁（中央経済社、2018年）をご参照ください。

（2）期首合併と期中合併の比較

　適格合併を行った場合には、合併法人は被合併法人の繰越欠損金を引き継ぐことができます。この場合、繰越欠損金を使うことができる事業年度は、**合併の日の属する事業年度以後の各事業年度です**（法法 57 ②）。

　したがって、合併法人が 3 月決算法人である場合において、×9 年 4 月 1 日（期首）に合併したときと、×9 年 3 月 1 日（期中）に合併したときとでは、被合併法人の繰越欠損金を使用することができる事業年度が異なってきます。

　具体的には、×9 年 4 月 1 日（期首）に合併した場合には、合併期日である×9 年 4 月 1 日が属する×10 年 3 月期から繰越欠損金

を使用することができるのに対し、×9年3月1日（期中）に合併した場合には、合併期日である×9年3月1日が属する×9年3月期から繰越欠損金を使用することができます。このように、期首合併を行わず、1か月早く期中合併を行うことにより、合併法人が被合併法人の繰越欠損金を使用することができる事業年度が1年早くなります。

コウジ

> 債権者異議手続に1か月の期間が必要だし、公告の予約も2週間くらいかかるから、3月1日に合併をするには、1月中旬には、合併の準備が終わっていなければいけない（本章第2節参照）。そうなると、繰越欠損金を引き継ぐにしても、早めに合併の準備をしておかないといけないね。

2 繰越欠損金の利用制限と特定資産譲渡等損失額の損金不算入

（1）繰越欠損金の引継制限

①基本的な取扱い

前述のように、適格合併に該当した場合には、被合併法人の繰越欠損金を引き継ぐことができます。そして、本章第4節で解説したように、合併の直前に完全支配関係が成立していれば、完全支配関係内の合併に該当し、支配関係が成立していれば、支配関係内の合併に該当します。このように、容易に税制適格要件を満たすことができることから、外部から繰越欠損金を有する法人を買収し、適格合併により当該繰越欠損金を合併法人に引き継ぐという租税回避が考えられます。

これに対応するために、**支配関係が生じてから5年を経過していない法人と適格合併を行った場合**には、繰越欠損金の引継制限が課されています（法法57③）。しかしながら、支配関係が生じてから5年を経過していない場合であっても、**①みなし共同事業要件を満たす場合、②時価純資産超過額が繰越欠損金以上である場合**には、繰越欠損金の引継制限が課されません。

　このような繰越欠損金の引継制限が課されるか否かは、以下のフローチャートにより判定します。

ユウタ

> 支配関係が生じてから 5 年を経過していれば、繰越欠損金の引継制限は課されないんだね。

【繰越欠損金の引継制限の判定フローチャート】

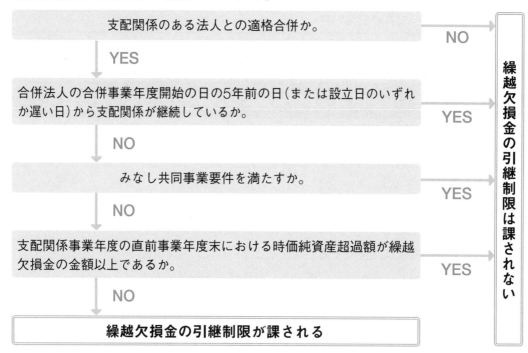

支配関係のある法人との適格合併か。 —NO→

│YES
↓

合併法人の合併事業年度開始の日の5年前の日（または設立日のいずれか遅い日）から支配関係が継続しているか。 —YES→

│NO
↓

みなし共同事業要件を満たすか。 —YES→

│NO
↓

支配関係事業年度の直前事業年度末における時価純資産超過額が繰越欠損金の金額以上であるか。 —YES→

│NO
↓

繰越欠損金の引継制限が課される

→ 繰越欠損金の引継制限は課されない

②新設法人の取扱い

平成 22 年度税制改正前は、合併法人または被合併法人が新設法人である場合は、支配関係が設立の日に生じたものとされていたため、当該合併法人または被合併法人の設立の日から合併事業年度開始の日まで 5 年を経過していない場合には、繰越欠損金の引継制限が課されていました。

この点につき、平成 22 年度税制改正により、当該**合併法人または被合併法人の設立の日から合併の日まで支配関係が継続している場合**には、設立の日から 5 年を経過していなくても、繰越欠損金の引継制限（法法 57 ③）が課されなくなりました[*5]。

③支配関係発生日の判定

法人税法上、支配関係が生じた日を支配関係発生日と定義したうえで、当該支配関係発生日から合併事業年度開始の日まで 5 年を経過していない場合には、繰越欠損金の引継制限が課されます。

ただし、本章第 4 節で解説したように、「同一の者」が個人である場合には、**親族が保有している株式や同一の者が支配している法人が保有している株式**を含めて判定を行うため、中小企業の合併では、ほとんどのケースにおいて支配関係が生じてから 5 年を経過していると考えられます。

なお、実務上、株主名簿上の株主と実際の権利者が異なる場合があります[*6]。このような場合には、**実際の権利者がどの株主なのか**という事実に基づいて支配関係の判定を行う必要があります（法基通 1-3 の 2-1）。

[*5] 被合併法人の設立の日から合併の日まで継続して支配関係があったとしても、被合併法人が適格組織再編を行っていたり、被合併法人の子会社が清算したりしている場合には、繰越欠損金の引継制限（法法57③）が課されています（法令112④）。

[*6] このような株式を「名義株」といいます。

コラム　名義株が生じる理由は様々ですが、その一つの理由として、平成 2 年改正前商法では、会社を設立するために 7 人以上の発起人が必要であったということが挙げられます。会社設立時に名前を借りたままになっている事案では、名義株が残っていることがあります。

そのほか、資本関係がないと仮装するために、名義株が用いられている事案もあります。こういった名義株が存在する場合には、名義株主から名義を戻してもらう必要がありますが、名義株主とのトラブルにより、無償で名義を戻してもらうことが難しい事案が少なくありません。

④具体的に引継制限を受ける金額

　繰越欠損金の引継制限が課される場合に、具体的に制限される金額は以下のとおりです（法法57③）。

（ⅰ）支配関係事業年度前の各事業年度において生じた繰越欠損金の**全額**

（ⅱ）支配関係事業年度以後の各事業年度において生じた繰越欠損金のうち**特定資産譲渡等損失相当額**

*7　（3）で解説するように、かなり限られた事象から生じる損失なので、実務上、これに該当するものは多くはありません。

【引継制限を受ける金額】

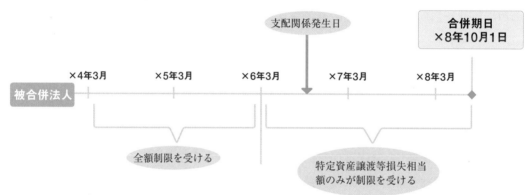

◆**支配関係事業年度**

　支配関係発生日の属する事業年度

◆**特定資産譲渡等損失相当額**

　対象となる各事業年度において生じた繰越欠損金のうち、支配関係発生日の属する事業年度開始の日前から有する資産の譲渡、評価換え、貸倒れ、除却その他これらに類する事由から生じた損失[*7]から構成される繰越欠損金（法令112⑤一）

（2）繰越欠損金の使用制限

　前述のように、適格合併の場合には、被合併法人の繰越欠損金を引き継ぐことができますが、一定の引継制限が課されています。

　さらに、繰越欠損金を多額に有する法人を買収し、当該買収された法人を合併法人とする逆さ合併を行うことにより、繰越欠損金を不当に利用するといった租税回避も考えられます。

そのため、被合併法人から引き継いだ繰越欠損金だけでなく、**合併前に合併法人が保有していた繰越欠損金**に対しても同様の使用制限が課されています（法法57④）。

✕ 失敗事例 ✕

前述のように、支配関係が生じてから5年以内に適格合併を行った場合には、被合併法人の繰越欠損金だけでなく、合併法人の繰越欠損金に対しても、繰越欠損金の使用制限（法法57③）が課されます。

繰越欠損金の使用制限は、適格組織再編を行った場合にのみ適用され、非適格組織再編を行った場合には適用されません。すなわち、分割対価として金銭を交付する分社型分割を行った場合には、金銭等不交付要件に抵触することから、非適格分社型分割に該当するため、繰越欠損金の使用制限は課されません。

【現金交付型分割】

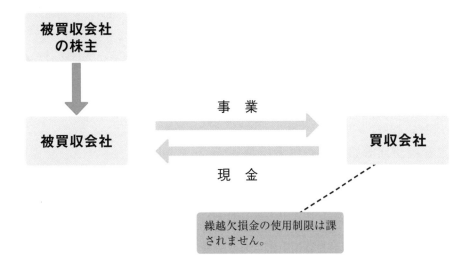

これに対し、①分割承継法人株式を交付する分社型分割により分割承継法人に事業を移転し、②分割承継法人株式を買収会社に譲渡したうえで、③買収会社を合併法人とし、分割承継法人を被合併法人とする適格合併を行うという手法も考えられます。

【非適格分社型分割後の適格合併】

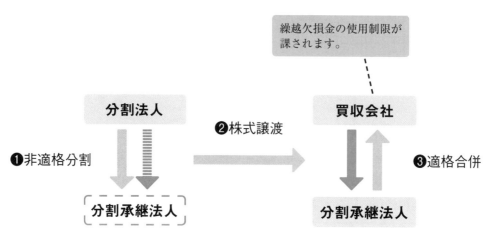

　このような適格合併は、合併法人（買収会社）と被合併法人（分割承継法人）との間の支配関係が生じてから 5 年を経過していないことから、繰越欠損金の引継制限および使用制限が課されます。このうち、繰越欠損金の引継制限については、被合併法人が新設法人であることから、繰越欠損金が存在しないため、実質的に問題になりません。

　これに対し、合併法人（買収会社）に多額の繰越欠損金があることにより、繰越欠損金の使用制限が課されてしまったという失敗事例があるため、注意しましょう。

（3）特定資産譲渡等損失額の損金不算入

①概　要

　適格合併を行った場合には、被合併法人の資産および負債が簿価で合併法人に引き継がれます（法法 62 の 2 ④、法令 123 の 3 ③）。そのため、含み損のある資産を保有している法人を買収し、当該資産を適格合併により簿価で引き継いだ後に譲渡することにより、当該資産の含み損を合併法人で実現させるといった租税回避が考えられます。このような租税回避を防止するために、特定引継資産譲渡等損失額の損金不算入（法法 62 の 7）の制度が設けられています。さらに、逆さ合併による資産の含み損の利用を防ぐために、特定保有資産譲渡等損失額の損金不算入の制度も設けられています。本書では、両者を合わせて、**「特定資産譲渡等損失額の損金不算入」**と

表記します。

特定資産譲渡等損失額の損金不算入とは、**支配関係が生じてから5年を経過していない法人と適格合併を行った場合**において、適用期間内で発生する**特定資産の譲渡、評価換え、貸倒れ、除却その他これらに類する事由から生じる損失**を損金の額に算入させない制度のことをいいます[8]。

しかしながら、支配関係が生じてから5年を経過していない場合であっても、①**みなし共同事業要件を満たす場合**、②**時価純資産価額が簿価純資産価額以上である場合**には、特定資産譲渡等損失額の損金不算入が課されません。

このような特定資産譲渡等損失額の損金不算入が適用されるか否かは、以下のフローチャートにより行われます。

*8　特定資産譲渡等損失額の損金不算入の適用を受けた場合には、法人税確定申告書別表四において、加算・留保項目ではなく、加算・流出項目として処理されるため、この規定の適用により損金算入制限を受けた損失は、永久に損金の額に算入することができません。

【特定資産譲渡等損失額の損金不算入の判定フローチャート】

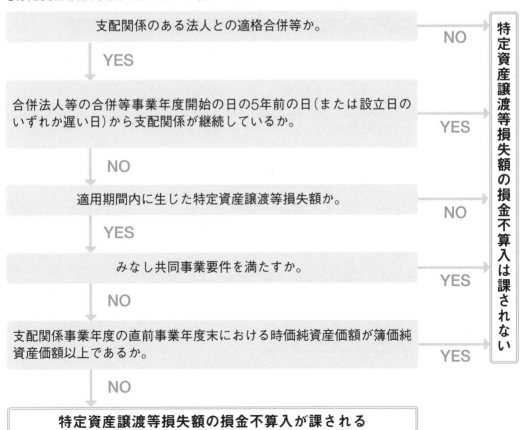

◆適用期間

　特定資産譲渡等損失額の損金不算入に係る適用期間は、**合併事業年度開始の日以後 3 年を経過する日と支配関係発生日以後 5 年を経過する日のいずれか早い日**までとされています。つまり、合併法人が 3 月決算法人である場合において、合併の日が× 8 年 7 月 1 日であり、支配関係発生日が× 7 年 10 月 1 日であるときは、合併事業年度開始の日が× 8 年 4 月 1 日であることから、合併事業年度開始の日以後 3 年を経過する日は× 11 年 3 月 31 日になります。そして、支配関係発生日以後 5 年を経過する日は× 12 年 9 月 30 日になります。そのため、このいずれか早い日である× 11 年 3 月 31 日を経過してしまえば、特定資産譲渡等損失額の損金不算入が課されません。

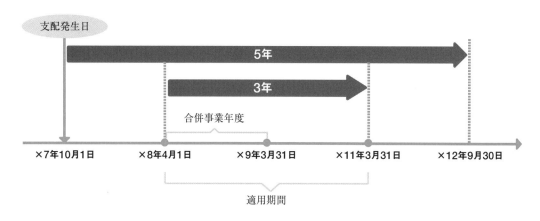

②特定資産の意義

　特定資産は、特定引継資産と特定保有資産に区分されています。そして、特定引継資産とは、被合併法人から合併により移転を受けた資産のうち被合併法人が支配関係発生日前から有していた資産[9]をいい、特定保有資産とは、合併法人が支配関係事業年度開始の日前から有していた資産をいいます。そのため、これらの日よりも後に取得した資産は、特定資産に該当しません。

　また、特定資産譲渡等損失額は、「特定資産」の「譲渡等」により生じた損失の額に限られます。そのため、人件費（給与、賞与、退職金）の支払い、利息の支払い、損害賠償金の支払い、保証債務の履行などにより多額の損失が生じた場合であっても、特定資産か

*9　ただし、支配関係事業年度開始の日以後に有することになった資産は除外されています（法令 123 の 8 ③五）。なお、令和 4 年 4 月 1 日以後に開始した事業年度においては、特定引継資産の定義が、被合併法人が支配関係事業年度開始の日前から有していた資産に改められます。

ら生じた損失ではないことから、特定資産譲渡等損失額の損金不算
入の対象にはなりません。

さらに、帳簿価額または取得価額が 1,000 万円に満たない資産は、
特定資産から除外されています*10。そして、以下の評価単位によ
り 1,000 万円未満であるか否かを判定することが、条文上、明らか
にされています（法規 27 の 15 ①）。そのため、すべての売掛金を
合計すると多額の金額になったとしても、1 債務者当たりの金額が
小さい場合には、特定資産に含まれません。

〈評価単位〉

区 分		評価単位
金銭債権		債務者ごと
減価償却資産		
	建物	一棟ごと（ただし、建物の区分所有等に関する法律1条〔建物の区分所有〕の規定に該当する建物〔例：マンション〕にあっては、同法2条1項〔定義〕に規定する建物の部分ごと）
	機械及び装置	一の生産設備または一台もしくは一基（通常一組または一式をもって取引の単位とされるものにあっては、一組または一式）ごと
	その他	上記に準じて区分する。
土地等		一筆（一体として事業の用に供される一団の土地等にあっては、その一団の土地等）ごと
有価証券		銘柄の異なるごと
暗号資産		種類の異なるごと
その他の資産		通常の取引の単位を基準として区分する

マヤ

特定資産に該当する資産は、それほど多くはなさそうだし、3 年く
らいなら、譲渡をしないようにコントロールもできそうだね。

③譲渡等損失額の意義

特定資産譲渡等損失額の「譲渡等損失額」とは、譲渡、評価換え、
貸倒れ、除却その他これらに類する事由による損失額と規定されて
います。

さらに、特定資産譲渡等損失額の対象から除外されるものが法令

*10 厳密に言うと、以下
のものは、特定資産から
除外されています（法令
123の8③⑭）。しかし、帳
簿価額または取得価額が
1,000万円に満たないもの
を特定資産から除外してし
まえば、ほとんどの資産が
特定資産から除外されるた
め、下記（ⅲ）だけを理解し
ておけば十分でしょう。
（ⅰ）棚卸資産（土地、土地の
上に存する権利は除
きます）
（ⅱ）短期売買商品等、売買
目的有価証券
（ⅲ）適格合併の日におけ
る帳簿価額または取
得価額が1,000万円
に満たないもの（特
定保有資産について
は、合併事業年度開始
の日における帳簿価
額または取得価額が
1,000万円に満たな
いもの）
（ⅳ）支配関係事業年度開始
の日における時価が
税務上の帳簿価額以
上である資産
（ⅴ）適格合併に該当しない
合併により移転を受
けた資産で譲渡損益
調整資産以外のもの

上列挙されており、実務上、頻出するものとして、「**減価償却資産の除却**（ただし、当該減価償却資産の帳簿価額が、適正な減価償却を行ったものと仮定した場合における帳簿価額に相当する金額のおおむね２倍を超えるものを除きます。）」が挙げられます（法令123の8④五、⑮）。

（4）みなし共同事業要件の判定

前述のとおり、みなし共同事業要件を満たした場合には、繰越欠損金の引継制限、使用制限が課されず、かつ、特定資産譲渡等損失額の損金不算入も課されません（法法57③④、62の7①、法令112③⑩）。そのため、実務上、みなし共同事業要件を満たすか否かの判定が重要になります。具体的には、以下の①②③または①④の要件をそれぞれ満たす必要があります。

① 事業関連性要件
② 事業規模要件
③ 事業規模継続要件
④ 特定役員引継要件

まず、事業関連性要件を満たすことが必須条件です。そのうえで、事業規模要件および事業規模継続要件もしくは特定役員引継要件のいずれかを満たす必要があります。

なお、支配関係発生日から合併事業年度開始の日まで５年を経過している場合には、みなし共同事業要件の検討をするまでもなく、繰越欠損金の引継制限、使用制限、特定資産譲渡等損失額の損金不算入の適用を受けません。そのため、あくまでも、**支配関係発生日から合併事業年度開始の日まで５年を経過していない場合のみ、みなし共同事業要件の検討が必要になる**という点に注意しましょう。

①事業関連性要件

本章第４節で解説した税制適格要件の判定における事業関連性要件と同様です（法令112③一、⑩）。

②事業規模要件

本章第４節で解説した税制適格要件の判定における事業規模要

件と同様です（法令 112 ③二、⑩）。

③事業規模継続要件

　繰越欠損金の引継制限、使用制限、特定資産譲渡等損失額の損金不算入は、支配関係が生じてから 5 年以内に合併することを前提として規定しているため、買収後に規模を増減させることにより、事業規模要件を満たそうとする租税回避が考えられます。

　そのため、事業規模継続要件を課すことにより、そのような租税回避が防止されています。具体的な事業規模継続要件の内容は以下のとおりです（法令 112 ③三、四、⑩）。

　　（ⅰ）支配関係が発生した時と適格合併の直前の時における被合併事業の規模の割合が**おおむね 2 倍**を超えないこと

　　（ⅱ）支配関係が発生した時と適格合併の直前の時における合併事業の規模の割合が**おおむね 2 倍**を超えないこと

　そして、売上金額、従業者の数、資本金の額もしくはこれらに準ずるものの規模のうち、事業規模要件で使用した指標が、事業規模継続要件の判定でも用いられます。そのため、事業関連性要件を満たす場合において、資本金の額が事業規模要件および事業規模継続要件を満たしたときは、その他の指標を考慮するまでもなく、みなし共同事業要件を満たすことができます。

〈**事業規模要件および事業規模継続要件**〉

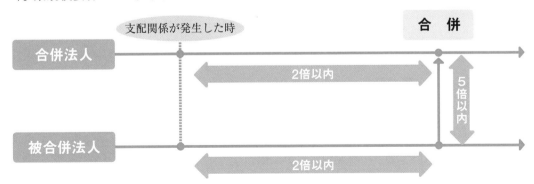

④特定役員引継要件

　事業規模要件および事業規模継続要件の代替として、特定役員引継要件が認められており、被合併法人の適格合併前における特定役

員である者のいずれかの者と合併法人の適格合併前における特定役員である者のいずれかの者とが、当該適格合併後に合併法人の特定役員となることが見込まれていれば、特定役員引継要件を満たすことができます（法令112③五、⑩）。基本的な内容は、本章第4節で解説した税制適格要件の判定における特定役員引継要件と変わりません。

　ただし、事業規模要件と同様に、買収後に役員構成を変えることによって、特定役員引継要件を満たそうとする租税回避が考えられるため、みなし共同事業要件の判定における「特定役員」は、**支配関係発生日前における役員または当該これに準ずる者である者**に限られています[*11]。

　そして、支配関係発生日前の職位は、特定役員であることまでは求められていないことから、平取締役であっても、合併の直前までに特定役員まで昇格していれば、特定役員引継要件を満たすことができます。

*11　当該支配関係が法人の設立により生じたものである場合には、設立日において役員等であった者になります。

【特定役員引継要件】

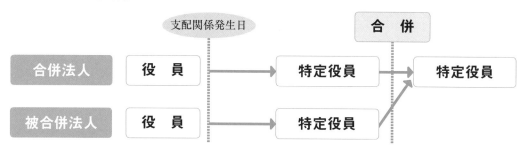

（5）時価純資産価額が簿価純資産価額以上である場合等の特例

　繰越欠損金の引継制限、使用制限、特定資産譲渡等損失額の損金不算入に対して、次表のような特例が認められています。たとえば、繰越欠損金が3億円であり、時価純資産超過額[*12] が10億円である場合には、適格合併を行わなくても繰越欠損金を利用できるという趣旨で設けられた特例です（法令113、123の9）。

　しかし、この特例は、**支配関係が生じてから5年を経過しておらず、かつ、みなし共同事業要件を満たさない場合の最終手段**である

*12　時価純資産価額が簿価純資産価額を超える部分の金額をいいます。なお、時価純資産価額の計算には、のれんを含めることができると解されています（『平成29年版税制改正の解説』333頁(注3)）。

ことから、この特例を利用するケースはほとんどありません。

〈時価純資産価額が簿価純資産価額以上である場合等の特例〉

		時価純資産超過額が繰越欠損金以上である場合	時価純資産超過額が繰越欠損金未満である場合	簿価純資産超過額がある場合
繰越欠損金	支配関係事業年度前の繰越欠損金	引継制限・使用制限は課されない。	時価純資産超過額を超える部分についてのみ、引継制限・使用制限が課される。	引継制限・使用制限が課される。
	支配関係事業年度以後の繰越欠損金	引継制限・使用制限は課されない。		特定資産譲渡等損失相当額のうち、簿価純資産超過額に相当する部分のみが、引継制限・使用制限の対象になる。
特定資産譲渡等損失額の損金不算入		損金算入制限は課されない。		① 繰越欠損金の特例あり 　　損金算入制限は課されない。 ② 繰越欠損金の特例なし 　　簿価純資産超過額の範囲内で損金算入制限が課される。

3 適格分割の場合

（1）繰越欠損金の引継ぎ

　分割を行った場合には、合併と異なり、分割法人が当然に解散するわけではないことから、分割法人の繰越欠損金を分割承継法人に引き継ぐことはできません。

（2）繰越欠損金の使用制限

　適格分割を行った場合には、分割法人の資産または負債を簿価で分割承継法人に引き継ぐことから（法法62の2②、62の3①）、分割法人から引き継いだ資産の含み益と分割承継法人の繰越欠損金とを相殺するという租税回避が可能になります。

　したがって、このような租税回避を防止するために、支配関係が生じてから5年を経過していない場合には、繰越欠損金の使用制限が課されています（法法57④）。

　これに対し、新設分割を行った場合には、分割承継法人が新たに

設立される法人であり、繰越欠損金がないことから、このような制限は課されていません。

（3）特定資産譲渡等損失額の損金不算入

①適格吸収分割

適格吸収分割を行った場合には、分割法人の資産または負債を簿価で分割承継法人に引き継ぐことから（法法62の2②、62の3①）、分割法人が保有する資産の含み損と分割承継法人が保有する資産の含み益とを相殺するという租税回避が可能になります。また、その逆に、分割法人が保有する資産の含み益と分割承継法人が保有する資産の含み損とを相殺するという租税回避も可能になります。

このような租税回避を防止するために、適格合併と同様、特定資産譲渡等損失額の損金不算入（法法62の7①）が設けられています。

②適格共同新設分割

適格共同新設分割を行った場合にも、適格吸収分割と同様、分割法人が保有する資産の含み損と他の分割法人が保有する資産の含み益とを相殺するという租税回避が考えられます。

そのため、適格共同新設分割を行った場合にも、特定資産譲渡等損失額の損金不算入が適用されます（法法62の7③）。

③適格単独新設分割

適格単独新設分割は、単独で行う組織再編であることから、分割法人から分割承継法人に移転した資産の含み損と分割承継法人や他の分割法人が保有している資産の含み益とを相殺することはできません。

そのため、適格単独新設分割を行った場合には、特定資産譲渡等損失額の損金不算入は課されていません。

4　適格現物出資

適格分割と同様の取扱いになります。

5 適格現物分配

事業の移転を前提としていないことから、みなし共同事業要件が認められていませんが、それ以外は、適格分割と同じ取扱いになります。

6 おわりに

本節では、繰越欠損金の引継制限、使用制限、特定資産譲渡等損失額の損金不算入について解説しました。かなり要件が細かいですが、実務上は、支配関係が生じてから5年を経過している場合が多いことから、ほとんどの事案において、これらの制限は課されません。そのため、支配関係発生日の判定が最も重要になります。

本章第4節で解説した税制適格要件と本節で解説した繰越欠損金、特定資産譲渡等損失額は、組織再編税制の2大論点といわれています。実務では、どちらも常に検討が必要になる論点ですので、しっかりと理解しておく必要があります。

たとえば、P社とA社（100％子会社）の合併を予定している場合において、実質的な支配関係は10年以上経過しているものの、7年前からX氏に名義借りしており、株主名簿上の株主が異なっているというケースが考えられます。

本来、合併に先立ち、名義を戻す必要がありますが、X氏から"ハンコ"代を要求されてしまうことがあり得ます。このような場合、支配関係発生日が10年以上も前であることをどのように証明したらよいか、考えてみましょう。

第6節 株主には迷惑をかけられない

株主課税

長岡社長は、長岡運輸と長岡不動産を合併させたいみたいだよ。被合併法人になる予定の長岡運輸には、含み損益のある資産がないし、繰越欠損金もないみたいだね。そうなると、非適格合併になっても、ほとんど適格合併と変わらないから、税務上は、特に問題になることはないよね。

コウジ

たしか、事業分離等会計基準だと、被合併法人の株主に係る処理についても規定されていたような気がするな。ひょっとしたら、非適格合併に該当したら、被合併法人の株主で課税されてしまうかもしれないよ。

ユウタ

相続税の授業で、株主間贈与がなければ、贈与税の問題が生じないという話を聞いたことがあるわ。だから、税制適格要件を満たすかどうかじゃなくて、合併比率が適正かどうかという問題になると思うんだけど。

マヤ

本章第4節で解説したように、税制適格要件を満たした場合には、被合併法人の資産および負債が簿価で合併法人に移転され、税制適格要件を満たさない場合には、時価で合併法人に移転されます。

そうなると、コウジが言うように、含み損益のある資産がなく、繰越欠損金もないのであれば、税制適格要件を満たしても、満たさなくても、税務上の効果はほとんど変わらないように思えてしまいます。

しかし、ユウタ、マヤが言うように、株主課税の問題を考える必要があります。実務上、組織再編に伴って株主に課税関係を発生させるわけにはいかないことがほとんどです。

サトウ先生

① 合併における株主課税

*1　会社法上の配当ではないものの、租税法上、実質的に配当と同じものについて、配当がなされたとみなして、課税を行う制度のことをいいます。

（1）非適格合併－金銭等の交付なし－

　非適格合併を行った場合には、法人税法上、被合併法人の資産および負債を時価で合併法人に譲渡し、対価として被合併法人が合併法人株式を取得し、直ちに、当該合併法人株式を被合併法人の株主に対して交付したものとして取り扱います（法法62①）。

【合併の取引図】

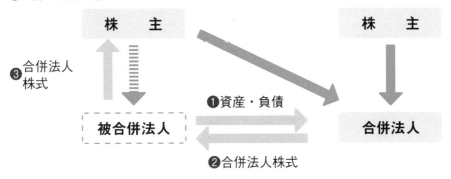

　被合併法人の株主は、合併法人から合併法人株式の交付を受けるのではなく、被合併法人から合併法人株式の交付を受けたものと考えます。このように、解散による残余財産の分配に近い形になっていることから、非適格合併に該当した場合には、被合併法人の株主において**みなし配当**[*1] が発生します（法法24①一、所法25①一）。

　なお、一部において、合併比率が妥当であれば株主課税は発生しないという誤解がありますが、それは贈与税の問題であり、非適格合併に該当した場合には、**合併比率が妥当であっても**、法人税、所得税の問題が生じるという点に注意しましょう。具体的には、以下の事例をご参照ください。

◆**前提条件**

- 　合併によりX社が取得した合併法人株式の時価は 40 円。
- 　被合併法人の純資産の部の内訳は、資本金等の額 60 円、利益積立金額 20 円。
- 　合併前にX社は被合併法人の発行済株式総数の 40％ を保有している。
- 　X社が保有していた被合併法人株式の帳簿価額は 70 円。
- 　本件合併は非適格合併に該当する。

◆**みなし配当の計算**

みなし配当の金額 ＝ 交付新株の時価 − 資本金等の額 × 保有比率

　　　　　　　　 ＝ 40 円 − 60 円 × 40％

　　　　　　　　 ＝ 16 円

◆**税務上の仕訳**[*2]

（合併法人株式）	86	（被合併法人株式）	70
		（みなし配当）	16

＊2　簡便化のため源泉所得税の処理については省略していますが、実務上は、当該みなし配当の金額に対して源泉所得税の徴収が必要になります。

　このように、非適格合併に該当した場合には、金銭等の交付を受けていない場合であっても、被合併法人の株主においてみなし配当が発生します。

　そのため、被合併法人の株主は、換金性のない合併法人株式の交付しか受けていないにもかかわらず、みなし配当課税の対象になるという問題が生じます。特に、被合併法人の株主が個人株主である場合には、所得税法上、配当所得に分類され、多額の所得税が課税されるケースもあります。そのような事情から、被合併法人に含み損益や繰越欠損金がない場合であっても、非適格合併ができないことが少なくありません。

　なお、前頁の取引図にあるように、合併法人の株主は合併対価資産の交付を受けないことから、合併比率が適正である限り、非適格合併に該当したとしても、株主課税の問題は生じません。

ユウタ

> 株主課税を考えると、中小企業で非適格合併を行うことは難しそうだね。

（2）非適格合併－金銭等の交付あり－

　前述のように、非適格合併に該当した場合には、被合併法人の株主はみなし配当を認識する必要があります。さらに、被合併法人の株主が金銭等の交付を受けた場合には、株式譲渡損益も認識する必要があります（法法 61 の 2 ①、措法 37 の 10 ③一）。具体的には以下の事例をご参照ください。

◆前提条件

- ・　合併により X 社が取得した金銭等の時価は 40 円。
- ・　被合併法人の純資産の部の内訳は、資本金等の額 60 円、利益積立金額 20 円。
- ・　合併前に X 社は被合併法人の発行済株式総数の 40％を保有している。
- ・　X 社が保有していた被合併法人株式の帳簿価額は 70 円。
- ・　本件合併は非適格合併に該当する。

◆みなし配当の計算

みなし配当の金額 ＝ 交付金銭の時価－資本金等の額×保有比率

　　　　　　　　＝ 40 円－ 60 円× 40％

　　　　　　　　＝ 16 円

◆株式譲渡損の計算

株式譲渡損の金額 ＝（交付金銭の時価－みなし配当）－譲渡原価

　　　　　　　　 ＝（40 円－ 16 円）－ 70 円

　　　　　　　　 ＝ △ 46 円

◆税務上の仕訳

| （金　銭　等） | 40 | （被合併法人株式） | 70 |
| （株式譲渡損*3） | 46 | （みなし配当） | 16 |

*3　X社と被合併法人との間に完全支配関係がある場合には、株式譲渡損が損金の額に算入されず（法法61の2⑰）、資本金等の額の減算項目となります（法法2十六、法令8①二十二）。

ここでは、被合併法人の株主においてみなし配当課税と株式譲渡損益課税が発生するからといって、合併比率が不公平な場合における贈与税の問題は解消されないという点に注意しましょう。

被合併法人と合併法人の株主が個人である場合において、合併法人の株主にとって有利な合併比率により合併を行ったときは、被合併法人の株主から合併法人の株主に対して贈与があったと考えられることから、合併法人の株主において**贈与税**が課され、さらに、被合併法人の株主において、所得税法上、**みなし配当**と**株式譲渡損益**が発生してしまいます。

株主課税を避けるためには、税制適格要件を満たすだけじゃなくて、合併比率が適正である必要もあるんだね。

マヤ

（3）適格合併

株式交付型合併を行った場合において、適格合併に該当したときは、被合併法人の株主において、**みなし配当**および**株式譲渡損益**が発生しません（法法24①一、所法25①一、法法61の2②、措法37の10③一）。その結果、被合併法人の株主において、以下の仕訳を行う必要があります。

【適格合併】

| （合併法人株式） | ××× | （被合併法人株式） | ××× |

ここでは、被合併法人と合併法人における課税所得の計算上、簿価で資産および負債を引き継いだものとして計算するというだけであって、合併比率を簿価純資産価額で行うことまでは容認されていないという点に注意しましょう。被合併法人と合併法人の株主が個

人である場合において、被合併法人の株主にとって有利な合併比率により合併を行ったときは、合併法人の株主から被合併法人の株主に対して贈与があったと考えられることから、適格合併に該当したとしても、贈与税の課税対象になるからです。

＊4　タクトコンサルティング「TACTNEWS No. 568【Q&A】税務上の問題が生じないための合併比率の算定法」

コ ラ ム　平成29年度税制改正により、合併法人が被合併法人の発行済株式総数の3分の2以上を保有している場合には、現金交付型合併を行っても、金銭等不交付要件に抵触しないこととされました（法法2十二の八）。

そして、適格合併に該当する場合には、現金交付型合併を行ったとしても、被合併法人の株主において、みなし配当は生じません（法法24①一、所法25①一）。しかしながら、合併法人株式以外の資産の交付を受けていることから、適格合併に該当したとしても、株式譲渡損益を認識する必要があります。

そうすると、現行法上の株主課税は、次のように整理することができます。

	非適格合併	適格合併
株式交付型合併	みなし配当課税	課税なし
現金交付型合併	みなし配当および株式譲渡損益課税	株式譲渡損益課税

考えてみよう　贈与税の問題が生じないようにするために、適正な合併比率により合併を行う必要があります。

この点につき、現時点では国税庁の公式見解は公表されていませんが、時価純資産法を採用することにより、類似業種比準方式や折衷方式の選択肢を排除している事案が多いように思われます。そして、時価純資産法を採用しつつも、「財産評価基本通達185に定める1株当たりの純資産価額の算定方式を基に、その会社の保有する土地や上場有価証券の価額を時価により算定し、かつ、評価差額に対する法人税額等の控除をしない等の修正を行って計算した純資産価額」*4を用いていることが少なくありません。

しかし、必ずしも上記の方法を採用しなければならないわけではなく、他の評価方法により適正な合併比率を算定することができます。

では、どのような手法があるか、調べてみましょう。

2 分割型分割における株主課税

（1）非適格分割型分割

分割型分割を行うためには、会社法上、分社型分割により分割法人が取得した分割承継法人株式を、分割の日に、分割法人の株主に現物配当する必要があります（会社法 758 八ロ、763 ①十二ロ）。この結果、分割法人の株主は、分割法人株式と分割承継法人株式の両方を取得します。

*5　B/C（分割移転割合）は小数点以下第3位未満の端数を切り上げて計算します。

*6　特殊な事例ではありますが、以下の計算方法に従って処理します。
① 分割法人の分割型分割の直前の資本金等の額が0以下である場合には、分割移転割合は0とします。
② 分割法人の分割型分割の直前の資本金等の額および分子の金額が0を超え、かつ、分母の金額が0以下である場合には、分割移転割合は1とします。
③ 分割移転割合が1を超えるときは、分割移転割合を1とします。

【分割型分割】

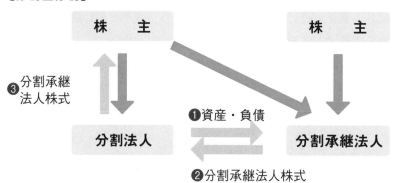

そのため、合併と同様に、非適格分割型分割を行った場合には、分割法人の株主において、みなし配当が生じます。しかし、非適格合併と異なり、分割法人が保有する一部の資産または負債のみが移転することもあるため、みなし配当の計算上、**交付の基因となった分割法人株式に対応する資本金等の額**を計算するために、分割型分割の直前における分割法人の資本金等の額を分割事業に対応する資本金等の額とそれ以外の事業に対応する資本金等の額とに分ける必要があります。具体的には、以下のとおりです（法令 23 ①二、所令 61 ②二）。

〈みなし配当の計算〉*5*6

$$みなし配当の金額 = X - A \times \frac{B}{C} \times 保有比率$$

X ＝交付を受けた分割対価資産の時価

A ＝分割型分割の直前における分割法人の資本金等の額

B ＝分割型分割の直前における分割事業の簿価純資産価額[7]

C ＝前事業年度終了の時における分割法人の簿価純資産価額[8][9]

　さらに、分割法人の株主に対して、分割承継法人株式以外の資産が交付されている場合には、みなし配当だけでなく、株式譲渡損益も計上する必要があります。

　そして、株式譲渡損益の計算でも、譲渡原価を計算するために、分割型分割の直前における分割法人株式（旧株）の帳簿価額を**分割事業に対応する帳簿価額**と**それ以外の事業に対応する帳簿価額**とに分ける必要があります。具体的には、以下のとおりです（法法61の2④、法令119の8①、23①二、措法37の10③二、所令113①、61②二）。

【株式譲渡損益の計算】

　株式譲渡損益＝譲渡収入の金額 − 譲渡原価の金額

　イ．譲渡収入の金額

　　譲渡対価の金額からみなし配当に相当する金額を控除した金額

　ロ．譲渡原価の金額

　　譲渡原価の金額 $= A \times \dfrac{B}{C}$

　　A ＝分割型分割の直前における分割法人株式（旧株）の帳簿価額

　　B ＝分割型分割の直前における分割事業の簿価純資産価額

　　C ＝前事業年度終了の時における分割法人の簿価純資産価額

（2）適格分割型分割

　前述のように、適格分割型分割を行った場合には、分割法人の株主において、みなし配当および株式譲渡損益は生じません。しかし、適格合併と異なり、分割法人株式の帳簿価額の一部のみが分割承継法人株式に付け替えられるため、その部分についての計算が必要になります。具体的には、以下のとおりです（法令119①六、119の8①、23①二、所令113①〜③、61②二）[10]。

*7　零が下限になります。

*8　前事業年度終了の時から分割型分割の直前の時までの間に資本金等の額または利益積立金額（法令9①一に掲げる金額を除きます）が増加または減少した場合には、その増減後の金額になります。

*9　分割型分割の日以前6か月以内に仮決算による中間申告書を提出し、かつ、その提出の日から分割型分割の日までの間に確定申告書を提出していなかった場合には、中間申告書に係る期間（事業年度開始の日以後6か月の期間）終了の時の簿価純資産価額になります。

*10　適格合併と異なり、分割承継法人が分割法人の発行済株式総数の3分の2以上を保有している場合の特例は定められていないため、金銭等の交付を伴う適格分割型分割に係る株主課税の規定はありません。

【分割承継法人株式に付け替える部分の計算】

分割承継法人株式の取得価額 ＝ A × $\dfrac{B}{C}$

A ＝分割型分割の直前における分割法人株式（旧株）の帳簿価額

B ＝分割型分割の直前における分割事業の簿価純資産価額

C ＝前事業年度終了の時における分割法人の簿価純資産価額

3 分社型分割、現物出資における株主課税

分社型分割、現物出資の場合には、分割法人または現物出資法人の株主が保有する株式に変動がないため、株主間贈与がある場合を除き、株主課税の問題は生じません。

4 株式交換等・移転における株主課税

株式交換等・移転については、本章第 10 節で解説します。

5 株式交付

2019 年度に会社法が改正され、2021 年 3 月 1 日から株式交付の制度が導入されることになりました[11]。

2021 年度税制改正では、株式交付子会社の株主における株式譲渡損益の繰延べについての特例が導入されたため、株式交付親会社株式のみの交付を受けた場合には、株式交付子会社の株主において株式譲渡損益が生じません（措法 37 の 13 の 3、66 の 2 の 2）[12]。

*11 株式交付とは、株式会社が他の株式会社を子会社にするために、当該他の株式会社の株式を譲り受け、その対価として株式会社の株式を交付することをいいます（会社法2三十二の二）。

*12 厳密には、対価として交付を受けた資産の価額のうち株式交付親会社株式の価額が80％以上である場合に、株式交付親会社株式に対応する部分の譲渡損益を繰り延べることとしています。

⑥ おわりに

本節では、株主課税について解説しました。実務上は、株主課税を議論するというよりも、「株主課税の問題が生じることから、適格組織再編に該当させ、かつ、組織再編比率を適正に計算する必要がある」という点を理解すれば、ほとんどのケースで問題にならないと思います。

ただし、適格分割型分割を行った場合には、分割型分割後の株主における分割法人株式および分割承継法人株式の帳簿価額の計算を適正に行うという点は、実務でも重要な論点になります。

最近では、事業承継や M&A のために適格分割型分割を行う事案も増加していることから、そのような事案に遭遇した場合には、本節で解説した計算式を思い出してください。

考えてみよう

被合併法人に個人株主がいる場合には、譲渡所得よりも配当所得のほうが税額が大きくなることから、配当所得に該当させるわけにはいかず、非適格合併を行うことができないケースが少なくありません。

これに対し、被合併法人の一部の個人株主が、「合併法人株式はいらないから、金銭の交付を受けたいものの、譲渡所得を認識する方法にして欲しい」と言ってきた場合には、合併の直前に当該個人株主が保有する被合併法人株式を合併法人が買い取るという手法が考えられます。

このような手法は、租税回避に該当するのでしょうか。考えてみましょう。

第7節 住民税均等割がなぜ増える？

受入処理と純資産の部

田中建設と田中不動産が合併する予定だけど、住民税均等割はどうなるのかな。田中建設の資本金等の額は 1,000 万円で、田中不動産の資本金等の額は 1,000 万円だったから、もし、合併後の資本金等の額が 2,000 万円になるとしたら、住民税均等割が増えてしまうわよ。

マヤ

たしか、会計基準だと、その他資本剰余金に持っていけた気がするけど（本章第 3 節参照）、住民税均等割でも同じようなことはできるのかな。

ユウタ

会計の受入処理を操作すれば、住民税均等割の節税ができるというのは、すごい違和感があるね。資本金等の額は税務上の概念なんだから、会計上の受入処理とは関係なく計算されてしまうんじゃないかな。

コウジ

コウジが懸念しているように、法人税法上、会計上の処理に関係なく、組織再編により増減する資本金等の額、利益積立金額がそれぞれ定められています。そして、住民税均等割の計算は、①法人税法上の資本金等の額と、②会計上の資本金および資本準備金の合計額のいずれか大きい金額を基礎に計算されます（地法 52 ④、312 ⑥）。そのため、法人税法上の受入処理は、住民税均等割の計算を行ううえで重要になります。

支店数が少ない場合には、住民税均等割の影響も小さいですが、合併後に発覚すると、クレームに繋がりますので、事前にクライアントには伝えておく必要があるでしょう。

サトウ先生

1 合併における受入処理

（1）非適格合併

　非適格合併を行った場合には、合併法人が被合併法人の株主に交付した**合併法人株式の時価に相当する金額**が、合併法人で増加する資本金等の額になります（法令8①五イ）。このように、合併法人の資本金等の額が増加することから、住民税均等割の金額が増加することがあります。

　なお、合併法人は、被合併法人の資産および負債を時価で取得しますが、交付する合併対価資産（合併法人株式など）の時価が時価純資産価額を超える部分の金額が，資産調整勘定になります（法法62の8①）。その結果、以下のように、税務上の仕訳における貸借は一致します。

【非適格合併－金銭等の交付なし－】

（資　　　　産）	×××	（負　　　　債）	×××
（資産調整勘定）	×××	（資本金等の額）	×××

　このように、資本金等の額および資産調整勘定の金額を、個別資産および負債の積上計算ではなく、交付する合併対価資産の時価により計算するという点に特徴があります。

　これに対し、現金交付型合併を行う場合には、合併法人株式が交付されないことから、資本金等の額は増加しません。

【非適格合併－金銭等の交付あり－】

（資　　　　産）	×××	（負　　　　債）	×××
（資産調整勘定）	×××	（現　　　　金）	×××

（2）適格合併

　適格合併を行った場合には、**被合併法人の資本金等の額および利益積立金額**を合併法人にそのまま引き継ぎます（法法2十六、法令8①五ハ、法法2十八、法令9①二）*1。このように、合併法人の資

*1　平成29年度税制改正により、合併法人が被合併法人の発行済株式総数の3分の2以上を保有している場合には、現金交付型合併を行っても金銭等不交付要件に抵触しないこととされました。このような現金交付型合併が適格合併に該当する場合には、増加する資本金等の額の計算上、被合併法人の少数株主に対して交付した金銭等の価額を減算する必要があります。

【適格合併－金銭等の交付あり－】
（資産）×××（負　　　債）×××
　　　　　　（資本金等の額）×××
　　　　　　（利益積立金額）×××
　　　　　　（現　　　金）×××

本金等の額が増加することから、住民税均等割の金額が増加することがあります*2。

【適格合併－金銭等の交付なし－】

（資 産）	×××	（負 債）	×××
		（資本金等の額）	×××
		（利益積立金額）	×××

ユウタ

> 会計（本章第3節参照）と違って、その他資本剰余金にすべて配分することはできないんだね。

2 抱き合わせ株式の処理

　合併の直前において、合併法人が被合併法人株式を保有していた場合には、被合併法人の資産および負債を引き継ぐだけでなく、当該被合併法人株式の消却に係る処理を行う必要があります。

　具体的には、本章第6節で解説したように、被合併法人の資産および負債を合併法人に移転し、対価として合併法人株式を取得し、直ちに、当該合併法人株式を被合併法人の株主に対して交付したものとして取り扱います。合併法人が被合併法人株式を保有していた場合には、被合併法人の株主には合併法人も含まれるため、**被合併法人に対して交付した対価の一部が返ってきた**と考えます。

　そのため、適格合併であれば株主としての課税は生じませんが、非適格合併であればみなし配当を認識する必要があります。そして、合併法人株式を合併の対価として交付した場合には、合併法人からすると自己株式の取得に該当するため、資本金等の額のマイナスとして処理します。

　平成22年度税制改正前は、現金交付型合併を行った場合に、みなし配当および株式譲渡損益を認識していましたが、平成22年度税制改正により、当該株式譲渡損益を損金の額または益金の額に算

*2　かつては、資本金の額および資本準備金の額を減少した後に欠損填補を行ったとしても、資本金等の額が変動しないことから、住民税均等割を減らすことができませんでしたが、平成27年度税制改正により、欠損填補を行った場合には、住民税均等割を減らすことができるようになりました（地法23①四の五）。しかし、この特例は、欠損填補を行った法人に限られるため、被合併法人が欠損填補を行ったとしても、合併法人にはその特例が引き継がれません。具体的には、被合併法人の資本金等の額が1,000百万円であったとしても、990百万円の欠損填補を行っていた場合には、資本金等の額が10百万円であるとして、住民税均等割の計算を行うことができます。しかし、合併法人にその特例は引き継がれないことから、合併法人では被合併法人の資本金等の額1,000百万円を引き継いだうえで、住民税均等割の計算を行う必要があります。

入せずに、資本金等の額として処理することになりました（法法61の2③、2十六、法令8①五柱書）。具体的には、以下の事例をご参照ください。

（1）非適格合併－金銭等の交付なし－

◆前提条件

- 合併法人A社、被合併法人B社
- 合併により交付したA社株式の時価は30円（B社の時価総額は100円）。そのため、A社に交付したとみなされるA社株式の時価は70円。
- B社の純資産の部の内訳は、資本金等の額が60円、利益積立金額が20円。
- 合併前にA社が保有しているB社株式の帳簿価額は90円（発行済株式総数の70％）。

◆みなし配当の計算

みなし配当の金額　＝　交付新株の時価－資本金等の額×保有比率
　　　　　　　　　＝　70円－60円×70％
　　　　　　　　　＝　28円

◆税務上の仕訳

（資　　　　産）	100	（資本金等の額）	100
（子会社株式）	28	（みなし配当）	28
（資本金等の額）	118	（子会社株式）	118

（2）非適格合併－金銭等の交付あり－

◆前提条件

- 合併法人A社、被合併法人B社
- 合併により交付した金銭等の時価は30円（B社の時価総額は100円）。そのため、A社に交付したとみなされる金銭等の時価は70円。

- B社の純資産の部の内訳は、資本金等の額が 60 円、利益積立金額が 20 円。
- 合併前に A 社が保有している B 社株式の帳簿価額は 90 円（発行済株式総数の 70％）。

◆みなし配当の計算

みなし配当の金額 ＝ 交付金銭の時価 － 資本金等の額 × 保有比率

＝ 70 円 － 60 円 × 70％

＝ 28 円

◆減少資本金等の額（株式譲渡損益相当額）の計算

株式譲渡損益相当額 ＝（交付金銭の時価 － みなし配当）－ 譲渡原価

＝（70 円 － 28 円）－ 90 円

＝ △ 48 円

◆税務上の仕訳

（資　　　産）	100	（金　銭　等）	100
（金　銭　等）	70	（みなし配当）	28
（資本金等の額）	48	（子会社株式）	90

（3）適格合併

◆前提条件

- 合併法人 A 社、被合併法人 B 社
- 合併により受け入れた税務上の簿価純資産価額は 100 円。
- B 社の純資産の部の内訳は、資本金等の額が 60 円、利益積立金額が 40 円。
- 合併前に A 社が保有している B 社株式の帳簿価額は 90 円。

◆税務上の仕訳

（資　　　　産）	100	（資 本 金 等 の 額）	60
		（利 益 積 立 金 額）	40
（資 本 金 等 の 額）	90	（子 会 社 株 式）	90

サトウ先生

本章第 3 節で解説したように、会計上は受入純資産と子会社株式
の帳簿価額との差額を特別損益に計上するため、上記のケースでは
10 の特別利益が発生します。しかし、税務上はそのような特別利
益を計上しないため、法人税確定申告書で申告調整を行う必要があ
ります。

③ 分社型分割における受入処理

（1）非適格分社型分割

　非適格分社型分割を行った場合には、分割承継法人が分割法人に
交付した**分割承継法人株式の時価に相当する金額**が、分割承継法人
で増加する資本金等の額になります（法令 8 ①七イ）。

【税務上の仕訳】

| （資　　　　産） | ××× | （負　　　　債） | ××× |
| （資 産 調 整 勘 定） | ××× | （資 本 金 等 の 額） | ××× |

　これに対し、現金交付型分社型分割を行った場合には、分割承継
法人株式が交付されないことから、資本金等の額は増加しません。

【税務上の仕訳】

| （資　　　　産） | ××× | （負　　　　債） | ××× |
| （資 産 調 整 勘 定） | ××× | （金　銭　等） | ××× |

✕ 失敗事例 ✕

　第2章第12節で解説するように、買収会社側で資産調整勘定を認識したいというニーズが少なくありません。これを実現するために、非適格分社型分割または事業譲受による買収手法を採用することがあり、第2章第10節で解説するように、非適格分社型分割による買収手法として、分割承継法人から分割法人に対して、①現金預金を交付する方法と、②分割承継法人株式を交付する方法があります。

　このうち、②分割承継法人株式を交付する方法により買収する場合には、被買収会社（分割法人）の事業を新会社（分割承継法人）に移転した後に、当該新会社の株式を買収会社に譲渡することにより行われます。そして、法人税法上は、分割法人と分割承継法人との間の支配関係の継続が見込まれていないことから、非適格分社型分割に該当します（法令4の3⑥⑦）。

【分割承継法人株式を交付する方法】

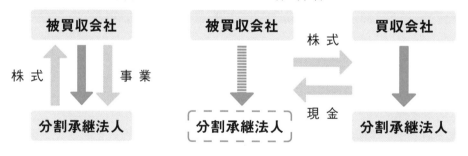

●ステップ1：会社分割　　●ステップ2：株式取得

　そして、前述のように、非適格分社型分割に該当することから、分割法人に交付した分割承継法人株式の分社型分割の時の時価に相当する金額が、分割承継法人において増加すべき資本金等の額になります（法令8①七）。

【分割承継法人】

（資　　　　産）	×××	（負　　　　債）	×××
（資産調整勘定）	×××	（資本金等の額）	×××

　このように、借方に資産調整勘定を認識するということは、貸方の資本金等の額が増加することを意味します。支店数が多いことから、住民税均等割が増加したことによる副作用が大きかったという失敗事例もあるため、注意しましょう。

（2）適格分社型分割

　適格分社型分割を行った場合には、分割承継法人が**移転を受けた資産の帳簿価額から移転を受けた負債の帳簿価額を減算した金額**が、分割承継法人で増加する資本金等の額になります（法令 8 ①七ニ）。適格分社型分割により、分割法人の資本金等の額や利益積立金額を引き継ぐことは認められていません。

【税務上の仕訳】

（資　　　産）	×××	（負　　　債）	×××
		（資 本 金 等 の 額）	×××

サトウ先生

　このように、適格分社型分割を行った場合には、移転を受けた資産または負債の税務上の簿価純資産価額が分割承継法人で増加する資本金等の額になります。
　そのため、会計上の簿価純資産価額が 100 であり、税務上の簿価純資産価額が 300 である場合には、税務上の簿価純資産価額により資本金等の額を計算します。その結果、当初の想定よりも、住民税均等割の金額が大きくなってしまう場合もあるため、注意しましょう。

【会計上の仕訳】

（資　　　産）	1,000	（負　　　債）	900
		（資 本 剰 余 金）	100

【税務上の仕訳】

（資　　　産）	1,200	（負　　　債）	900
		（資 本 金 等 の 額）	300

4 分割型分割における受入処理

（1）非適格分割型分割

①分割承継法人

非適格分割型分割を行った場合には、分割承継法人が分割法人の株主に交付した**分割承継法人株式の時価に相当する金額**が、分割承継法人で増加する資本金等の額になります（法令8①六イ）。

【分割承継法人の仕訳－金銭等の交付なし－】

（資　　　　　産）	×××	（負　　　　　債）	×××
		（資 本 金 等 の 額）	×××

これに対し、現金交付型分割型分割を行う場合には、分割承継法人株式が交付されないことから、資本金等の額は増加しません。

【分割承継法人の仕訳－金銭等の交付あり－】

（資　　　　　産）	×××	（負　　　　　債）	×××
		（金　銭　等）	×××

②分割法人

第6節で解説したように、分割型分割を行った場合には、分割法人が分割承継法人から交付を受けた分割対価資産（分割承継法人株式など）を**分割法人の株主に分配した**ものと考えます。そのため、分割型分割を行った場合には、分割法人の純資産が減少します。

そして、分割法人において減少すべき純資産の内訳(資本金等の額、利益積立金額）は、以下のとおりです。

〈減少する資本金等の額の計算*3*4*5〉

$$減少する資本金等の額 = A \times \frac{B}{C}$$

*3　分割対価資産の時価が上限になります。

*4　B/C（分割移転割合）は小数点以下第3位未満の端数を切り上げて計算します。

*5　特殊な事例ではありますが、以下の計算方法に従って処理します。
① 分割法人の分割型分割の直前の資本金等の額が零以下である場合には、分割移転割合は零とします。
② 分割法人の分割型分割の直前の資本金等の額および分子の金額が零を超え、かつ、母母の金額が零以下である場合には、分割移転割合は1とします。
③ 分割移転割合が1を超えるときは、分割移転割合を1とします。

A＝分割型分割の直前における分割法人の資本金等の額

B＝分割型分割の直前における分割事業の簿価純資産価額[6]

C＝前事業年度終了の時における分割法人の簿価純資産価額[7][8]

〈減少する利益積立金額〉

　減少する利益積立金額

　　＝分割対価資産の時価－減少する資本金等の額

【分割法人の仕訳－非適格分割型分割－】

● 分割による資産および負債の移転

（負　　　　債）	×××	（資　　　　産）	×××
（分割承継法人株式）	×××		
（分割譲渡損益）	×××		

● 分割法人の株主に対する分割対価資産の分配

（資 本 金 等 の 額）	×××	（分割承継法人株式）	×××
（利 益 積 立 金 額）	×××		

（2）適格分割型分割

①分割承継法人

　適格分割型分割を行った場合には、分割法人において減少する資本金等の額および利益積立金額を分割承継法人に引き継ぎます（法令8①六ニ、9①三）。

　しかし、適格合併と異なり、すべての資産および負債を引き継ぐケースだけでなく、一部の資産または負債を引き継ぐケースもあるため、引き継ぐ資本金等の額および利益積立金額を合理的に計算する必要があります。その具体的な計算方法は以下のとおりです。

〈増加する資本金等の額の計算〉

　　増加する資本金等の額＝A×$\frac{B}{C}$

　　A＝分割型分割の直前における分割法人の資本金等の額

　　B＝分割型分割の直前における分割事業の簿価純資産価額

　　C＝前事業年度終了の時における分割法人の簿価純資産価額

*6　零が下限になります。

*7　前事業年度終了の時から分割型分割の直前の時までの間に資本金等の額または利益積立金額（法令9①一に掲げる金額を除きます）が増加または減少した場合には、その増減後の金額になります。

*8　分割型分割の日以前6か月以内に仮決算による中間申告書を提出し、かつ、その提出の日から分割型分割の日までの間に確定申告書を提出していなかった場合には、中間申告書に係る期間（事業年度開始の日以後6か月の期間）終了の時の簿価純資産価額になります。

〈**増加する利益積立金額**〉

分割型分割の直前における　　適格分割型分割により
分割事業の簿価純資産価額　－　増加した資本金等の額

【**分割承継法人の仕訳－適格分割型分割－**】

（資　　　産）	×××	（負　　　債）	×××
		（資 本 金 等 の 額）	×××
		（利 益 積 立 金 額）	×××

マヤ

> 分社型分割と違って、資本金等の額だけじゃなくて、利益積立金額も増えるんだね。

②分割法人

上記により計算した分割承継法人において増加する資本金等の額、利益積立金額がそれぞれ分割法人において減少する資本金等の額、利益積立金額になります（法令8①十五、9①十）。

【**分割法人の仕訳－適格分割型分割－**】

●分割による資産および負債の移転

（負　　　債）	×××	（資　　　産）	×××
（分割承継法人株式）	×××		

●分割法人の株主に対する分割対価資産の分配

（資 本 金 等 の 額）	×××	（分割承継法人株式）	×××
（利 益 積 立 金 額）	×××		

コウジ

> 分割法人で減少した資本金等の額・利益積立金額が、そのまま分割承継法人で増加する資本金等の額・利益積立金額になるのか。

5 現物出資における受入処理

基本的な考え方は、分社型分割と同様です。

6 現物分配における受入処理

その他利益剰余金を配当原資にした場合には、被現物分配法人に
おいて、利益積立金額のみが増加するので、現物分配の対象となる
資産に自己株式が含まれている場合を除き、資本金等の額は増減し
ません。

7 株式交換等・移転、株式交付における受入処理

本章第 10 節で解説します。

8 おわりに

本節では、組織再編における受入処理について解説しました。
法人税確定申告書を作成する場合には、本章第 3 節で解説した
会計処理との違いに注意しましょう。

サトウ先生

田中建設と田中不動産の事案のように、合併法人の資本金等の額が
1,000 万円で、被合併法人の資本金等の額が 1,000 万円である場
合には、合併後の資本金等の額が 2,000 万円になるので、住民税
均等割が増えてしまいます。
ほとんどの実務では、合併後の資本金等の額を減らす手法が限られ
ていることや、住民税均等割の金額的なインパクトが小さいことか
ら、特段の対策をとらないことが一般的です。

第8節 株価が算定できないのに
債務超過の組織再編

ユウタ

> サトウ先生のところに、組織再編の仕事がたくさん来ているみたいだけど、中小企業って、債務超過会社が多いよね。
> 債務超過だと、株価が算定できないから、合併比率の算定もできないだろうし、実際に、どうやって組織再編をしているんだろう。

> 昔の商法では、債務超過の場合には組織再編ができなかったみたいだけど、現在の会社法ではそんなことはないみたいだよ。
> 事前に100％子会社にしたり、少数だけ株式を交付したりとか、何かうまい方法があるんだろうね。

コウジ

マヤ

> 合併比率の算定ができないのは、確かに問題だと思うわ。でも、コウジの言うように、何か方法はあるんだろうけど、どの会社でも簡単にできるような一般的な方法はあるのかな？

ユウタが指摘するように、中小企業の組織再編では、一方の会社が債務超過であるケースがあります。そもそも繰越欠損金を利用したいというニーズが多いことから、過去の赤字により、債務超過になっている場合が少なくないからです。

そして、コウジの言うように、昔の商法では債務超過の組織再編はできませんでしたが、現行会社法ではそのような規制はありません[1]。そのため、現在では、債務超過会社の組織再編が非常に多く行われています。

また、合併比率が時価で算定できないことは事実ですが、それは株主間贈与の問題にしかなりません。つまり、合併比率が時価と異なることによる税務上の問題が軽微であれば、債務超過であっても組織再編を行うことができます。

＊1 債務超過会社を被合併法人とする吸収合併を行った場合には、簡易合併を選択することができません（会社法796②）。しかし、本章第2節で解説したように、中小企業では実害がないことが一般的です。

サトウ先生

① 債務超過会社を被合併法人とする非適格合併

　非適格合併を行った場合には、下図のように、被合併法人の資産
および負債を合併法人に時価で譲渡し、対価として被合併法人が合
併対価資産を取得し、直ちに、当該合併対価資産を被合併法人の株
主に対して交付したものとして課税所得の計算を行います（法法62
①）。

【非適格合併における譲渡損益の計算】

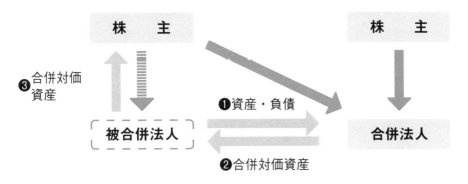

　そのため、合併法人から被合併法人に対して交付する対価が0円
であったとしても、被合併法人の簿価債務超過額が100百万円で
ある場合には、その状況にある資産および負債を0円で譲渡した
と考えるため、以下の仕訳のように、**被合併法人において100
百万円の譲渡益が発生**します。これは、被合併法人が保有する資産
に何ら含み益がなかったとしても同様です。

【非適格合併】

| （合併対価資産） | 0百万円 | （資　　　　産） | 200百万円 |
| （負　　　　債） | 300百万円 | （譲　渡　利　益） | 100百万円 |

　このように、債務超過会社を被合併法人とする非適格合併を行う
場合には、被合併法人に譲渡益が発生してしまいます。そのため、
債務超過会社を被合併法人とする非適格合併を行うことは、税務上
の問題が大きすぎると思われます。

債務超過会社を被合併法人とする非適格合併は、簿価債務超過額に相当する譲渡益が発生してしまうのか。こんな合併をやるわけにはいかないよね。

コウジ

② 無対価合併のリスク

　会社法上、被合併法人の株主に対して、合併法人株式やその他の資産をまったく交付しない吸収合併が認められています。このような無対価合併であったとしても、本章第4節で解説したように、対価の交付を省略したと認められる場合には、他の要件を満たせば、適格合併として認められます。

　そして、実務上、被合併法人が債務超過である場合には、合併比率の算定が困難であることから、無対価合併を検討することがあります。なぜなら、合併法人株式を交付してしまうと、価値のない被合併法人株式に対して、価値のある合併法人株式を交付したことになるため、株主間贈与に該当し、贈与税等の問題が生じてしまうからです。

　しかしながら、以下のような事案では、合併法人株式を交付する合併を行った場合には、支配関係継続要件を満たせば、適格合併に該当するにもかかわらず、無対価合併を行うと、**対価の交付を省略したと認められない**ことから、非適格合併として取り扱われてしまいます。

【他の親族が保有している場合】

そのため、合併前に、合併法人が被合併法人の発行済株式の全部を備忘価額で取得することにより、そのような問題を解決することが望ましいと思われます。

＊2 『平成22年版改正税法のすべて』289頁（大蔵財務協会）、国税庁HP質疑応答事例「株式の保有関係が変更している場合の青色欠損金額の引継ぎ」参照。

【合併前に合併法人が被合併法人の発行済株式の全部を備忘価額で取得する手法】

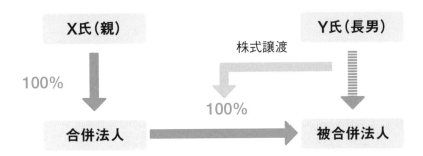

なお、平成 22 年度税制改正により、このような同一の者による支配関係から当事者間の支配関係に変わった場合であっても、支配関係発生日は洗い替えられないことが明らかにされました＊2。

そのため、X 氏と Y 氏（X 氏の長男）が、合併法人および被合併法人の発行済株式総数の 100 分の 50 に相当する株式を保有している関係から 5 年が経過していれば、繰越欠損金の引継制限を受けることはありません。

マヤ

> サトウ先生が、中小企業で無対価合併をやるべきじゃないと言っていた理由がわかったわ。一歩間違えると非適格合併になってしまうし、わざわざ無対価合併をやる必要もないし、本当に、無対価合併は危険なんだね。

3 債務超過会社を被合併法人とする適格合併

債務超過会社を被合併法人とする適格合併であっても、資産超過会社を被合併法人とする適格合併と受入処理は何ら変わりません。

【合併法人における仕訳】

●適格合併による資産および負債の引継ぎ

(資　　　産)	50百万円	(負　　　債)	100百万円
		(資 本 金 等 の 額)	30百万円
		(利 益 積 立 金 額)	△80百万円

●抱き合わせ株式の消却

(資 本 金 等 の 額)	30百万円	(子 会 社 株 式)	30百万円

●混同（民法 520）による消滅

(借　 入　 金)	100百万円	(貸　 付　 金)	100百万円

被合併法人でも、資産および負債を帳簿価額により引き継ぐことから、合併譲渡損益は発生しません。

上記では、被合併法人における借入金の帳簿価額と合併法人における貸付金の帳簿価額が一致しているため、債務消滅益は発生しませんでした。しかし、合併法人が被合併法人の貸付金を 10 百万円で取得していた場合には、両者の帳簿価額が異なるため、債務消滅益課税が生じてしまいます。

サトウ先生

【合併法人における仕訳】

●適格合併による資産および負債の引継ぎ

(資　　　産)	50百万円	(負　　　債)	100百万円
		(資 本 金 等 の 額)	30百万円
		(利 益 積 立 金 額)	△80百万円

●抱き合わせ株式の消却

(資 本 金 等 の 額)	30百万円	(子 会 社 株 式)	30百万円

●混同による消滅

(借　 入　 金)	100百万円	(貸　 付　 金)	10百万円
		(債 務 消 滅 益)	△90百万円

4 債務超過の適格分社型分割

　債務超過の事業を移転する適格分社型分割であっても、資産超過の事業を移転する適格分社型分割と受入処理は何ら変わりません。

【分割承継法人の仕訳】

| （資　　　　　産） | 300百万円 | （負　　　　　債） | 400百万円 |
| （資 本 金 等 の 額） | △100百万円 |

【分割法人の仕訳】

| （借　入　金） | 400百万円 | （資　　　　　産） | 300百万円 |
| （承 継 法 人 株 式） | △100百万円 |

　これは、法人税法施行令 8 条 1 項 7 号、119 条 1 項 7 号において、「**控除**」ではなく、「**減算**」と規定されているからです。条文上、「控除」と規定されている場合には、0 円を下回ることはないので、30百万円から 100 百万円を控除した金額は、0 円になります。これに対し、「減算」と規定されている場合には、0 円を下回ることもあるため、30 百万円から 100 百万円を減算した金額は、△ 70 円になります。

　そのため、適格分社型分割を行う前における分割承継法人の資本金等の額が 40 百万円であり、移転する分割事業の帳簿価額が△100 百万円であるときは、適格分社型分割を行った後の分割承継法人の資本金等の額は△ 60 百万円となります。

　そして、適格分社型分割を行う前における分割承継法人株式の帳簿価額が 30 百万円であり、移転する分割事業の帳簿価額が△ 100百万円であるときは、適格分社型分割を行った後の分割承継法人株式の帳簿価額は△ 70 百万円となります。

　　資本金等の額や分割承継法人株式の帳簿価額がマイナスになるのは違和感があるけど、そこは割り切るしかないのかもね。

ユウタ

5 債務超過の適格分割型分割

本章第 6 節で解説したように、適格分割型分割を行った場合には、分割法人の株主において、みなし配当および株式譲渡損益は生じません。しかし、適格合併と異なり、分割法人株式の帳簿価額の一部のみが分割承継法人株式に付け替えられるため、その部分についての計算が必要になります。

〈分割承継法人株式に付け替える部分の計算〉

$$分割承継法人株式の取得価額 = A \times \frac{B}{C}$$

A ＝分割型分割の直前における分割法人株式（旧株）の帳簿価額

B ＝分割型分割の直前における分割事業の簿価純資産価額

C ＝前事業年度終了の時における分割法人の簿価純資産価額

分割承継法人で加算すべき資本金等の額、利益積立金額、分割法人で減算すべき資本金等の額、利益積立金額も以下のように計算を行います。

〈増減する資本金等の額の計算〉

$$増減する資本金等の額 = A \times \frac{B}{C}$$

A ＝分割型分割の直前における分割法人の資本金等の額

B ＝分割型分割の直前における分割事業の簿価純資産価額

C ＝前事業年度終了の時における分割法人の簿価純資産価額

〈増減する利益積立金額〉

分割型分割の直前における　　　適格分割型分割により
分割事業の簿価純資産価額　ー　増減した資本金等の額

なお、この場合における分割移転割合（B／C）は、Bの金額がマイナスである場合には、**分割移転割合を 0 として計算します**。そのため、分割事業が債務超過である場合には、分割法人の株主が取得する分割承継法人株式の帳簿価額は 0 円となり、分割承継法人において増加する資本金等の額も 0 円となります。

これに対し、分割法人が債務超過であり、分割事業が資産超過で

ある場合には、**分割移転割合を1として計算します**。そのため、分割法人の株主における分割法人株式の帳簿価額の全額を分割承継法人株式に付け替え、分割承継法人は分割法人の資本金等の額をすべて引き継ぎます。ただし、分割法人の分割型分割の直前の資本金等の額が0以下である場合には、分割移転割合を0として計算します。

6 おわりに

　このように、債務超過の組織再編であっても、法人税法上、きちんと対応されているため、税制適格要件を満たすことができるように、事前に株式を買い取るなどの手法を採用する必要があります。

　なお、コウジが言うように、少数の株式のみを交付するという手法も考えられます。しかし、交付した株式の時価に相当する贈与が行われたものとみなされることから、株主間贈与に伴う課税所得の計算を行う必要があります。そのため、たとえ少額の贈与税であったとしても、贈与税の計算をするという手間が発生するため、実務ではあまり好まれません。

考えてみよう

被合併法人が債務超過である場合において、少数株主の一部が株式を手放すことを拒否したり、連絡が取れなかったりするため、これらの少数株主に対して、やむを得ず、合併法人株式を交付する合併を行うことがあります。

しかし、1株当たりの合併法人株式の時価が1,000万円となってしまうと、株主間贈与の問題が無視できない金額となります。このような場合には、合併前に、合併法人株式の株式分割を行い、株主間贈与の金額を小さくしておくことが一般的です。

では、合併前に株式分割を行う場合には、どのような手続を行えばよいか、調べてみましょう。

第9節

債務が消えたら課税される?

個人からのDES

マヤ

> 山本不動産の債務超過はかなり酷いわね。山本社長が貸し付けたお金もほとんど返済できそうにないけど、このまま山本社長が亡くなったら、貸付金が相続財産になってしまうから、相続税が大変なことになると思うわ。

> 確かにそれは大変だ。債権放棄をするにしても、繰越欠損金は全然ないし、擬似DESをしようにも、そのためのお金も調達できない。そうなると、DESをやるしかないな。
> 非適格の現物出資になるかもしれないけど、債務者にとっては債務の時価は券面額だから、きっと、債務免除益課税は発生しないよね。

ユウタ

コウジ

> いやどうかな。債権者にとっての時価は回収可能額だし、どちらになるのかわからないよ。それに、DESといっても、債権放棄と変わらないじゃないか。そんなやり方で、債務免除益課税から逃れられるとは思えないんだけど。

皆さんは、DES(デット・エクイティ・スワップ)という手法は知っていますか?
DESとは、債権の現物出資のことをいいます。DESでは、債権者は、債権を債務者に移転し、その代わりに債務者の株式を取得します。そして、債務者は、上記の債権の移転を受け、その代わりに新株を発行します。債務者からすれば、債権と債務が混同(民法520)により消滅することから、実質的に、債権放棄を受けたのと同じ結果になります。

サトウ先生

1 債務超過会社における相続税法上の問題点

相続税法上、純資産価額方式により非上場株式の評価額を計算する場合には、債務超過会社の株式を０円で評価します。そのため、債務超過５億円の会社であっても、△５億円として評価するのではなく、**０円**で評価する必要があります。これに対し、被相続人であるオーナーから債務超過会社に対する貸付金は、原則として、元本部分を**券面額**により評価する必要があります（財基通204）*1。さらに、債務超過会社を主債務者とする連帯保証債務も、原則として、相続財産から控除することが認められていません*2。

そのため、債務超過５億円の会社に対する貸付金が７億円である場合には、オーナーと会社とを総合して考えると差額の２億円しか財産がないにもかかわらず、相続税の課税標準の計算では、株式０円、貸付金７億円として評価されてしまいます。その結果、実際の時価に比べて高い課税標準の金額となってしまうため、不当に高額な相続税が課されるという問題があります。

このような債務超過会社に対する事業承継対策では、債務超過会社の債務超過部分と個人財産の資産超過部分とをどのようにして相殺できるようにするのかという点がポイントになります。

*1　貸付金の全部または一部が、回収が不可能または著しく困難であると見込まれる場合には、それらの金額を元本の価額に算入しないことができるとされていますが（財基通205）、債務超過であるという程度の理由では、券面額により評価せざるを得ない場合が多く、実際の回収可能見込額よりも多額に評価されてしまうケースが少なくありません。

*2　相続税法基本通達14-3では、「主たる債務者が弁済不能の状態にあるため、保証債務者がその債務を履行しなければならない場合で、かつ、主たる債務者に求償して返還を受ける見込みがない場合には、主たる債務者が弁済不能の部分の金額」を、債務として控除することを認めていますが、単に債務超過であるという程度の理由では、債務として控除することを認めていません。

ほとんど財産がないのに、回収可能性が乏しい貸付金があるという理由で相続税が課税されてしまうのね。

マヤ

2 債権放棄、債務引受、贈与

会社の債務超過が５億円であり、個人財産が７億円である場合には、個人財産のうち５億円を債務超過会社に贈与すれば、個人財産は２億円まで減少します。これに対して、会社の純資産価額は△５億円から０円になるだけなので、株式の相続税評価額は０円のままとなります。

このように、オーナーから債務超過会社に対する債権放棄、債務引受または贈与を行った結果として、債務超過会社の債務超過部分

と個人財産の資産超過部分とを相殺することができます。しかしながら、債務超過会社において発生した**受贈益または債務免除益**が、法人税法上、益金の額に算入されてしまいます。その結果、繰越欠損金の額を超える受贈益または債務免除益がある場合には、当該超える部分の金額に対して、法人税、住民税および事業税の負担が発生します。

　そのため、繰越欠損金の範囲内で、債権放棄、債務引受または贈与をするようなやり方しか採用することができず、根本的な解決にならないことがほとんどです。

3　擬似DES

　それでは、擬似 DES により債務免除益を発生させない手法はどうでしょうか。擬似 DES とは、第三者割当増資により、オーナーから債務超過会社に対して金銭を払い込み、その後、オーナーからの借入金の弁済に充当する方法です。これであれば、増資により払い込まれた金銭が資本金等の額に振り替えられるため（法令 8 ①一）、債務免除益課税が生じることはありません。

【擬似 DES】

オーナー

回　収　　　　増　資

債務超過会社

　しかし、擬似 DES を行うためには、一時的に、増資のための資金を用意する必要がありますが、ユウタの言うように、債務超過会社では、そのための**資金を調達する**ことが**できません**。

【擬似 DES の仕訳】

（現 金 預 金）	×××	（資本金等の額）	×××
（借 入 金）	×××	（現 金 預 金）	×××

4 DES

これに対し、DES（デット・エクイティ・スワップ）であれば、どうでしょうか。本章第4節で解説したように、法人税法上、適格現物出資の制度は、法人から法人への現物出資に限定されており、個人から法人への現物出資は、すべて非適格現物出資として取り扱われます（法法2二十二の十四）。そのため、相続税対策のために、オーナーから法人へのDESをしてしまうと、非適格現物出資として取り扱われてしまいます。

【DES】

オーナー

↓↓ 債権の
現物出資

債務超過会社

そして、平成18年度税制改正により、法人への現物出資の評価額は債権者にとっての時価を基礎に計算することが明らかにされました[3]。そのため、この方法を採用した場合には、債務超過会社が受け入れた**債権の時価と債務の帳簿価額の差額**に対して、債務消滅益が生じてしまいます。債権の時価が100であり、債務の帳簿価額を300とした場合における債務超過会社の仕訳は以下のようになります[4]。

【現物出資の仕訳】

| （貸付金） | 100 | （資本金等の額） | 100 |

【混同による消滅】

| （借入金） | 300 | （貸付金） | 100 |
| | | （債務消滅益） | 200 |

このように、債務超過会社に対するDESを行った場合には、債権放棄を行った場合とほぼ同じ処理になってしまうため、相続税対策として利用することはできません。

[3] 国税庁ＨＰ文書回答事例「企業再生税制適用場面においてDESが行われた場合の債権等の評価に係る税務上の取扱いについて」参照。

[4] 一般的に、債務超過会社に対する債権は回収可能性が乏しいため、券面額よりも低い時価になることが多いと思われます。

5 第2会社方式

　これまで見てきた方法にはそれぞれデメリットがあるため、実務上、**第2会社方式**を検討することがあります。第2会社方式とは、事業譲渡または会社分割により、債務超過会社の資産とそれに相当する負債を受皿会社に対して譲渡し、残った債務超過会社の負債を清算手続により切り捨てる手法をいいます。

　なお、第2章第1節で解説するように、債務超過会社において、清算手続により切り捨てられた債務から生じる債務免除益と特例欠損金（期限切れ欠損金）を相殺することができるため、債務免除益に対する課税は生じません。

【第2会社方式】

オーナーの貸付金を消滅させることを目的とする割には、かなり大掛かりな手法だから、クライアントに納得してもらうのが大変そうだね。

ユウタ

　コラム　債務超過会社に金融機関からの借入金が残る場合には、オーナーが保証債務を履行する必要があります。オーナーが保有している資産を譲渡することにより保証債務を履行するときは、オーナーが保有している資産の含み益に対して、譲渡所得として課税されるのが原則です。しかし、所得税法上、保証債務を履行するために資産の譲渡を行った場合において、その履行に伴う求償権の全部または一部を行使することができないときは、その行使をすることができない金額について、**譲渡がなかったものとして取り扱う**という特例が定められています（所法64②）。

6 合名会社、合資会社の利用

そのほか、債務超過会社を合名会社、合資会社に組織変更するという手法が考えられます。合名会社、合資会社の無限責任社員は、株式会社の株主と異なり、債務超過会社の負債に対する責任を負っていることから、これらの無限責任社員が負担すべき持分に対応する債務超過額を、相続税の計算上、**相続財産から控除する**ことが認められているからです[*5]。

しかし、このような組織変更による手法は、租税回避としての否認リスクを懸念する声もあります。なぜなら、第2会社方式と異なり、債務超過会社に対する債権は法的に消滅していないからです。

*5 国税庁HP質疑応答事例「合名会社等の無限責任社員の会社債務についての債務控除の適用」参照。

コウジ

合名会社、合資会社よりも、株式会社のほうがイメージが良いから、これもなかなか難しいよね。

7 おわりに

本節で解説したように、DESを行ったとしても、非適格現物出資に該当してしまうことから、対象会社が債務超過である場合には、債務消滅益課税の問題が生じます。

そして、第2会社方式では、移転資産に不動産が含まれている場合には、不動産取得税、登録免許税の負担の問題が生じます（本章第13節参照）。また、合名会社、合資会社へ組織変更を行ってしまうと、株式会社に比べると、個人事業のイメージが強いことから、事業への影響を懸念する声も少なくありません。

こういった理由から、本節で挙げた手法のいずれも採用できず、時間だけが経過している事案も少なくありません。

第 10 節 100％子会社にしたら課税された

株式交換等・移転税制

コウジ

> サトウ先生のところに、スクイーズアウトの仕事がたくさん来ているね。スクイーズアウトって、少数株主から強制的に株式を買い取るだけの制度だよね。株価算定以外に、税務上の論点なんかあるのかな。

> たしか、株式交換・移転は、組織再編税制の一部になっているって、法人税の授業で習った気がするわ。スクイーズアウトも、強制的に100％子会社にする方法なんだから、きっと、株式交換・移転と同じように、組織再編税制で規定されているんじゃないかな。

マヤ

ユウタ

> ちょっと待ってよ。株式交換・移転も、スクイーズアウトも、株主が変わるだけの制度だよね。資産が移動するわけじゃないのに、どうして組織再編税制で規定されているんだよ。

マヤの言うとおり、株式交換・移転、スクイーズアウトは、組織再編税制の中で規定されています。そして、スクイーズアウト税制は、株式交換税制に足並みを揃えたため、株式交換とスクイーズアウトを総称して「株式交換等」と呼びます。

非適格株式交換等・移転に該当した場合には、完全子法人の保有していた資産の含み損益を実現させる必要があります。もちろん、ユウタが疑問を感じたように、資産が移動していないのに、資産の含み損益に対して課税されることから、非常に違和感のある税制であることは事実ですが、実務上は、課税されないように、税制適格要件を満たす必要があります。

サトウ先生

1 制度の概要

平成 18 年度税制改正により、税制適格要件を満たさない株式交換・移転（完全支配関係のある法人間で行われる株式交換・移転を除きます。）を行った場合には、完全子法人（株式交換完全子法人または株式移転完全子法人）の保有する**資産の含み損益**を益金の額または損金の額に算入することになりました（法法 62 の 9 ①）。

ただし、平成 29 年度税制改正により、株式交換完全親法人が株式交換完全子法人の発行済株式総数の**3 分の 2 以上を直接に保有**している場合には、金銭等不交付要件が課されなくなったため、後述するように、**非適格株式交換・移転はほとんど行われていません。**

2 スクイーズアウト

現在の会社法では、以下の手法により、少数株主を締め出すことが認められています（これらの手法を、本書では「スクイーズアウト」と総称します）。

① 全部取得条項付種類株式*1

② **株式併合***2

③ **株式等売渡請求***3

このうち、全部取得条項付種類株式を利用した手法はほとんど行われておらず、実務上は、株式併合または株式等売渡請求のみが利用されています。

スクイーズアウトは、完全子法人の発行済株式の全部を取得し、その対価として金銭を交付するという意味で、現金交付型株式交換と実質的に変わりません。そのため、平成 29 年度税制改正により、全部取得条項付種類株式、株式併合または株式等売渡請求により少数株主を締め出した場合であっても、株式交換と同様に、税制適格要件を満たさないときは、**時価評価課税**の対象になりました（法法 62 の 9）。

ただし、スクイーズアウトにより**金銭等を交付したとしても、金銭等不交付要件に抵触しない**という特例が定められています（法法

*1　株主総会の特別決議により当該株式の全部を取得することができる旨が定款に定められた種類株式をいいます（会社法108①七、309②三）。

*2　株式併合を利用した手法とは、株式総会の特別決議により、1株に満たない端数にしたうえで、キャッシュ・アウトする手法をいいます（会社法180②、309②四）。たとえば、100株を1株にする株式併合を行った場合には、100株未満の株式しか保有していない少数株主を締め出すことが可能になります。

*3　厳密には、「特別支配株主の株式等売渡請求」といいます。そして、株式等売渡請求を利用した手法とは、特別支配株主（原則として、対象会社の議決権を90％以上保有する株主）が、他の株主全員に対して売渡しを請求する手法をいいます（会社法179①）。

2 十二の十七)。そして、いずれの手法を採用するにしても、会社法上、スクイーズアウトの前に、完全子法人となる法人の発行済株式総数の 3 分の 2 または 90％以上の株式を保有している必要があることから、発行済株式総数の 100 分の 50 を超える数の株式を保有していることになり、法人税法上、**支配関係内のスクイーズアウト**に該当します。そのため、**従業者従事要件および事業継続要件**を満たせば、容易に税制適格要件を満たすことができます。このように、支配株主が法人である場合において、スクイーズアウトを行ったとしても、時価評価課税が問題になることはほとんどありません。

そして、会社法上、スクイーズアウトの手法は、株式交換と異なり、支配株主が法人ではなく、個人である場合であっても利用することが認められています。しかし、法人税法 2 条 12 号の 16 に規定する「株式交換等」は、スクイーズアウトにより、法人との間に完全支配関係を有することとなるものに限定されています。そのため、支配株主が個人である場合には、そもそも**「株式交換等」に該当しない**ことから、税制適格要件を検討するまでもなく、時価評価課税の対象にはなりません。

このように、時価評価課税が問題になることはほとんどありません。

【スクイーズアウト税制】

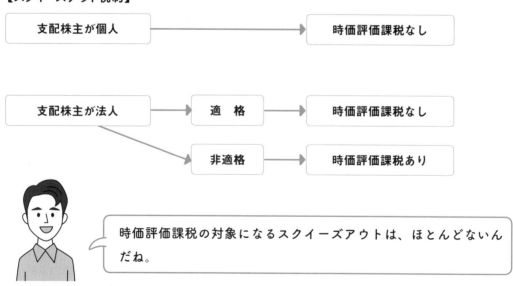

支配株主が個人 → 時価評価課税なし

支配株主が法人 → 適　格 → 時価評価課税なし

非適格 → 時価評価課税あり

時価評価課税の対象になるスクイーズアウトは、ほとんどないんだね。

ユウタ

3 時価評価対象資産

　非適格株式交換等・移転において、時価評価の対象となる資産には、以下のものが挙げられます（法法62の9①）。ただし、制度の簡素化のために、**帳簿価額が1,000万円に満たない資産**は、時価評価の対象から除外されています（法令123の11①四）。

- ・　固定資産
- ・　土地（土地の上に存する権利を含みます）
- ・　有価証券
- ・　金銭債権
- ・　繰延資産

マヤ

営業権（のれん）は、帳簿価額が1,000万円未満であることが多いから、時価評価課税の対象にはならないんだね。

4 税制適格要件

　株式交換等・移転における税制適格要件は、下表のとおりです（法法2十二の十七、十二の十八）。

〈税制適格要件〉

完全支配関係	支配関係	共同事業
（イ）金銭等不交付要件	（イ）金銭等不交付要件 （ロ）従業者従事要件 （ハ）事業継続要件	（イ）金銭等不交付要件 （ロ）従業者従事要件 （ハ）事業継続要件 （ニ）事業関連性要件 （ホ）事業規模要件または特定役員引継要件 （ヘ）株式継続保有要件 （ト）完全親子関係継続要件

　このうち、中小企業では、共同事業を行うための株式交換等・移転を行うことはほとんどないでしょう。なぜなら、完全子法人の株主としても、換金性の低い完全親法人株式の交付を受けるよりは、

相対取引[*4]で株式を買い取ってもらうことを期待することが多く、完全親法人としても、外部の株主が増えることを嫌うことが多いからです。このように、株式交換等・移転という手法を用いずに、相対取引で株式を売買する場合には、時価評価課税の問題は生じません。

*4　当事者同士が、譲渡の対象となる株式数、譲渡価額などを決定して行う取引のことをいいます。

コラム　支配関係のない法人を完全子会社化する場合において、株式を譲渡してくれない少数株主がいるときは、相対取引により株式を譲渡してくれる株主から株式を取得することで支配関係を成立させたうえで、当該少数株主を排除するために、現金交付型株式交換またはスクイーズアウトが用いられています。

この場合には、本章第 4 節で解説した合併、分割と同様に、株式交換等・移転の直前に支配関係が成立していることから、株式交換等・移転後に支配関係が継続することが見込まれている場合において、金銭等不交付要件、従業者従事要件および事業継続要件を満たすときは、税制適格要件を満たすことができます。

そして、会社法上、株式交換や株式併合では、株主総会の特別決議が必要であり（会社法 309 ②四、十二）、株式等売渡請求は 90％以上の株式を取得する必要があることから（会社法 179 ①）、相対取引により発行済株式総数の 3 分の 2 または 90％以上の株式を取得してから、株式交換等を行うことがほとんどです。

本節❶で解説したように、発行済株式総数の 3 分の 2 以上を直接に保有する株式交換等は、金銭等不交付要件に抵触しません。そして、❷で解説したように、発行済株式総数の 3 分の 2 以上を保有していることから、支配関係内の株式交換等に該当するため、従業者従事要件、事業継続要件を満たせば、容易に税制適格要件を満たすことができます。

そのため、実務上、非適格株式交換等・移転に該当する事案のほとんどが、株式交換等・移転後の完全支配関係または支配関係が継続することが見込まれていない場合であり、それ以外の事案において、非適格株式交換等・移転に該当することはほとんどありません。

5 **完全子法人の株主の処理**

（1）法人税および所得税

　株式交換等・移転を行った場合には、完全子法人の株主が、完全子法人株式を譲渡しているので、原則として、株式譲渡損益を認識する必要があります。

　しかし、完全親法人株式のみを交付する株式交換・株式移転を行った場合には、株式譲渡損益を認識する必要はありません（法法61の2⑨⑪、所法57の4①②）。これは、非適格株式交換等・移転に該当した場合であっても同様です。

（2）消費税

　株式交換等・移転であっても、株式の譲渡であることから、消費税法上、非課税売上が発生します。ただし、株式の譲渡価額の5％のみが非課税売上として課税売上割合の計算に算入されることから（消令48⑤）、その影響は軽微であることがほとんどです。

6 **完全親法人の処理**

　完全親法人株式を交付する株式交換・移転を行った場合には、完全親法人が完全子法人株式を取得し、対価として完全親法人株式を交付します。そして、完全子法人株式の受入価額に相当する部分の金額につき、利益積立金額を増加させずに、資本金等の額を増加させます（法令8①十、十一）。

【税務上の仕訳】

　（子法人株式）　　　×××　（資本金等の額）　　　×××

ここで留意が必要なのは、受け入れる子法人株式の帳簿価額です。会計と異なり、税務上は、以下のように取り扱います。

(1) 非適格株式交換等・移転のうち、完全支配関係のある法人間で行われる株式交換・移転以外のもの（法令119①二十七）
完全子法人株式の取得のために通常要する価額

(2) 適格株式交換等・移転または完全支配関係のある法人間で行われる株式交換・移転のうち、金銭等を交付しない株式交換・移転（法令119①十、十二）
① 完全子法人の株主の数が50人未満である場合
完全子法人の株主が有していた完全子法人株式の帳簿価額に相当する金額の合計額
② 完全子法人の株主の数が50人以上である場合
完全子法人の簿価純資産価額に相当する金額[*5]

(3) 現金交付型株式交換、スクイーズアウト（法令119①二十七）
完全子法人株式の取得のために通常要する価額

＊5　株式交換の直前に完全子法人株式を有していた場合には、当該相当する金額に当該完全子法人の発行済株式総数のうちに当該株式交換により取得をした当該完全子法人株式の数の占める割合を乗じて計算した金額になります。

❼ 株式交付

2019年に会社法が改正され、2021年3月1日から株式交付の制度が導入されることになりました[*6]。

株式交付の制度は、株式交換・移転と異なり、100％子会社にする手法ではなく、自社の株式を対価として株式交付子会社株式を買い取る手法に過ぎないことから、組織再編税制の対象とはされておらず、原則として、時価評価課税の問題は生じません。

そのため、2021年度税制改正でも、株式交付子会社の株主における株式譲渡損益の繰延べについての特例のみが導入されています（措法37の13の3、66の2の2）。

なお、株式交付を行った場合には、株式交換・移転と同様に、株式交付親会社の資本金等の額が増加します。この場合における株式交付子会社株式の受入価額についての考え方は、株式交換・移転と変わりません（措令39の10の3④）。

＊6　株式交付とは、株式会社が他の株式会社を子会社にするために、当該他の株式会社の株式を譲り受け、その対価として株式会社の株式を交付することをいいます（会社法2三十二の二）。

8 おわりに

　本節では、株式交換等・移転税制について解説しました。実務上、非適格株式交換等・移転に該当することはほとんどありませんが、もし該当してしまうと時価評価課税の対象になってしまうため、一応は検討が必要な事項であるといえます。

第11節 それはちょっとやり過ぎです

包括的租税回避防止規定

僕たちも、サトウ先生のところで働いて、組織再編に詳しくなったね。組織再編税制は難しいけど、かなり法人税を減らすこともできそうだし、就職してから、いろいろなスキームが提案できそうだね。

ユウタ

ちょっと待ってよ。サトウ先生は、打ち合わせのときに、いつも「経済合理性」とか「事業目的」という言葉を使っているわ。どうも「包括的租税回避防止規定」をかなり気にしているみたい。大学の租税法の授業でも勉強したけど、租税回避の定義って、よくわからないわ。

マヤ

確かに、あの規定は、よくわからないよね。租税法の学者は、租税法律主義を説明してくれるけど、実際には、彼らの見解よりも、納税者に不利な裁判例とか、裁決例も少なくないよ。実際のところ、どうやって考えるんだろう?

コウジ

皆さんは、租税回避という言葉をご存知ですか? 租税回避とは、節税と異なり、制度趣旨に反する形で税負担の軽減をしていることをいいます。従来は、租税回避の定義として、経済合理性基準が採用されていましたが、ヤフー・IDCF事件以降は、少なくとも組織再編税制に対しては、制度濫用基準が採用されています。

ヤフー・IDCF事件が公表された時点では、経済合理性基準で判定しても、制度濫用基準で判定しても、租税回避の射程はほとんど変わらないため、あまり気にする必要はなかったのですが、近年、極めて納税者に不利な裁決例が公表されました。

その結果、最近の実務では、包括的租税回避防止規定に対して慎重な見解が目立つようになっています。

サトウ先生

1 制度の概要

法人税法 132 条の 2 では、組織再編成に係る**包括的租税回避防止規定**が定められています。そして、ヤフー・IDCF 事件最高裁判決[1] では、包括的租税回避防止規定が導入された趣旨として、「組織再編成は、その形態や方法が複雑かつ多様であるため、これを利用する巧妙な租税回避行為が行われやすく、租税回避の手段として濫用されるおそれがあることから、法 132 条の 2 は、税負担の公平を維持するため、組織再編成において法人税の負担を不当に減少させる結果となると認められる行為又は計算が行われた場合に、それを正常な行為又は計算に引き直して法人税の更正又は決定を行う権限を税務署長に認めたものと解され、組織再編成に係る租税回避を包括的に防止する規定として設けられたものである」としています。そして、所得税法 157 条 4 項、相続税法 64 条 4 項、地方税法 72 条の 43 第 4 項にも、それぞれ同様の制度が設けられています。

さらに、ヤフー・IDCF 事件最高裁判決では、「『法人税の負担を不当に減少させる結果となると認められるもの』とは、法人の行為又は計算が組織再編成に関する税制（以下「組織再編税制」という。）に係る各規定を租税回避の手段として濫用することにより法人税の負担を減少させるものであることをいうと解すべき」としたうえで、その濫用の有無の判断に当たっては、下記に掲げる事由等の事情を考慮したうえで、当該行為または計算が、組織再編成を利用して**税負担を減少させることを意図した**ものであって、組織再編税制に係る各規定の**本来の趣旨および目的から逸脱する**態様でその適用を受けるものまたは免れるものと認められるか否かという観点から判断すべきであるとしています。

①　当該法人の行為または計算が、通常は想定されない組織再編成の手順や方法に基づいたり、実態とは乖離した形式を作出したりするなど、**不自然なものであるかどうか**

②　税負担の減少以外にそのような行為または計算を行うことの合理的な理由となる**事業目的その他の事由が存在するかどうか**

*1　最一小判平成28年2月29日（TAINSコードZ888-1984)、最二小判平成28年2月29日（TAINSコードZ888-1983)。

このように、以下の点を考慮しながら、包括的租税回避防止規定が適用されるかどうかを判断すべきであると考えられます。

（ⅰ）税負担の減少の意図

（ⅱ）制度趣旨および目的からの逸脱

（ⅲ）不自然、不合理な行為の有無

（ⅳ）十分な事業目的の有無

② 否認され得るケース

包括的租税回避防止規定が適用された事案として、ヤフー・IDCF 事件が有名ですが、かなり個別事案の要素が強く、一般的な事案としては参考になりません。これに対し、赤字法人の事業を他のグループ法人に移転した後に適格合併により繰越欠損金を引き継いだ事例[2]、パチンコ店約 40 グループが適格現物出資を繰り返した行為について租税回避として否認された事例[3] も存在します。

これらは、新聞報道からの推測であるとはいえ、本事例が公表される前からリスクがあるといわれていたものです。このうち、「赤字法人の事業を他のグループ法人に移転した後に適格合併により繰越欠損金を引き継いだ事例」がわかりやすいため、包括的租税回避防止規定が適用され得る事案として解説します。

◆具体例

子会社に繰越欠損金がある場合において、当該子会社で使用できるだけの十分な収益力がないときは、親会社での繰越欠損金を検討することが多いと思います。

このような場合には、親会社と子会社の統合を考えるべきですが、理論上は、繰越欠損金だけを移転することが可能です。

たとえば、新設分社型分割により子会社の事業を新会社に移転し、抜け殻になった子会社を親会社に吸収合併させた場合には、繰越欠損金のみを親会社に移転することができます。

＊2　2013年4月16日、日経新聞報道。

＊3　いわゆるSスキーム事件。2012年2月12日、読売新聞報道。

【新設分社型分割＋吸収合併】

● ステップ 1 ：新設分社型分割

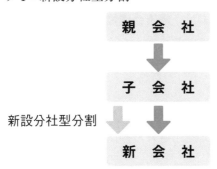

新設分社型分割

● ステップ 2 ：吸収合併

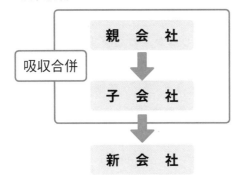

＊4　東京高判令和元年
12月11日・TAINSコード
Z888-2287。

　しかし、このようなストラクチャーは、**繰越欠損金を移転するだけで、それ以外の事業目的が認められません**。そのため、包括的租税回避防止規定が適用される可能性があるといわれています。

　従来でも、めぼしい資産を移転しておらず、単純に資産を譲渡したほうが容易である場合には、事業目的が十分に認められないと判断される可能性があるといわれていました。

　さらに、最近の裁判例（TPR事件）＊4 では、事業に係る工場等の建物および製造設備が合併により親会社に引き継がれていることから、本来であれば事業目的が認められると言われていた事案でした。それでも、①**税負担減少の意図があったこと**、②**税目的が事業目的を上回っていた**ことから、従来に比べて厳しい判断が下されています。

3 調査官解説

　ヤフー・IDCF事件に対する調査官解説では、**経済合理性や事業目的が十分に認められれば**、制度趣旨を考慮するまでもなく、包括的租税回避防止規定を適用することは困難であることが指摘されています[*5]。

　しかし、同調査官解説では、**税負担の減少目的が事業目的を上回っている場合**には、包括的租税回避防止規定が適用される可能性があるとも指摘しています[*6]。

　そのため、事業目的が税負担の減少目的に比べて同等以上であると認められるかどうかにつき、慎重な検討が必要になります。

ユウタ

> そうか！ 制度趣旨をしっかりと理解するのは大変だけど、事業目的が税負担の減少目的に比べて同等以上かどうかという基準なら、実務家としては、わかりやすいよね。

サトウ先生

> このように、経済合理性や事業目的を作出したり、付加したりしても、包括的租税回避防止規定が適用されるリスクは軽減されません。また、包括的租税回避防止規定が適用されるリスクを恐れるがあまり、不自然な言い訳を作り出している事案が見受けられますが、そういった行為は、むしろ、包括的租税回避防止規定が適用されるリスクを高めているともいえます。
> 包括的租税回避防止規定が適用されるリスクを軽減するためには、組織再編のストラクチャーを構築する初期段階において、経済合理性や事業目的が認められるかどうかを検討する必要があります。

*5　徳地淳・林史高「判解」法曹時報69巻5号297-299頁（2017年）。

*6　調査官解説では、「行為・計算の不自然さ（異常性・変則性）の程度との比較や税負担の減少目的と事業目的の主従関係等に鑑み、行為・計算の合理性を説明するに足りる程度の事業目的等が存在するかどうかという点を考慮する上記…の考え方を採用する旨を明らかにするものと考えられよう（徳地・林前掲（注5）298頁）」と指摘されています。

キーワード
調査官解説（最高裁判所判例解説）とは、最高裁判所調査官により書かれた判例解説をいいます。建前上は、調査官の個人的な見解ですが、最高裁判所の考え方を読み取ることができるため、判例を理解するうえで参考にすべきものとされています。

4　おわりに

　本節では、包括的租税回避防止規定について解説しました。やや実務的な話になりますが、包括的租税回避防止規定が適用されないようにするためには、税務調査における心証というのも重要になってきます。

　具体的には、初期段階の検討資料で節税目的だけが書かれており、事業目的がほとんど書かれていない場合には、包括的租税回避防止規定が適用されるリスクが高まります。さらに、組織再編に係る資料がいい加減であったり、後付けで資料を整えていたりすると、事業目的が十分に認められない組織再編が行われているという心証を与えてしまいます。

　そういう意味では、税務調査に耐えられる資料を作ることが、包括的租税回避防止規定が適用されるリスクを軽減するために必要だといえます。

　組織再編に対する税務調査では、組織再編に関連する資料を整えておく必要があります。その中には、コンサルティング会社または会計事務所からの提案書も含まれます。もちろん、積極的にこれらの提案書を税務調査で開示する必要はありませんが、税務調査で見られても問題のない内容にしておく必要があります。

　では、税務調査で見られても問題がない組織再編の提案書とは、どのような内容か、考えてみましょう。

そんなうまい**話**があるわけない

欠損等法人

マヤ

橋本社長が、どんどん不動産会社を買っているみたいだよ。景気が良い話だよね。今度は、小売業を切り離して、不動産だけになった会社を買収したいみたい。いろいろと考えているよね。

でも、橋本社長は税金を支払うのが嫌いだから、絶対に節税の相談をしてくるよ。買ってきた会社に繰越欠損金があったら、組織再編税制が使えないかって言いそうだし。でも、不動産だけになった会社だと、どう考えてもみなし共同事業要件を満たすことができないよね。

ユウタ

コウジ

いや、それ以前の問題じゃないかな。そもそも繰越欠損金を保有しているだけで、事業を行っていないような会社を買っても、その繰越欠損金を使い続けることができるんだったら、繰越欠損金のあるペーパー会社を買ってきて、そこで不動産賃貸業を始めることもできてしまう。そんな節税手法が認められるとは思えないんだけどな。

平成18年度税制改正前までは、繰越欠損金のあるペーパー会社の売買が行われていました。ユウタの言うように、買収後に組織再編を行うことはできませんが、そのペーパー会社で事業を開始させることは可能だったからです。そうなると、必ず利益の出そうな不動産賃貸業をそのペーパー会社で開始させるという租税回避が容易に考えられてしまいます。

そのため、平成18年度税制改正では、欠損等法人に対する規制が導入されました。

サトウ先生

1 特定株主等によって支配された欠損等法人の欠損金の繰越しの不適用

　平成 18 年度税制改正により、繰越欠損金のある欠損等法人を買収し、当該繰越欠損金を利用することに対して、「**特定株主等によって支配された欠損等法人の欠損金の繰越しの不適用**（法法 57 の 2）」が設けられました。

　そして、本規定が適用されるか否かは、以下のフローチャートにより判定を行います（法法 57 の 2 ①）。

*1　強いて言えば、欠損等法人との間の「同一の者による支配関係」は除かれている点、組合関連者が保有している株式を含めて特定支配関係の判定を行う点（法令113の2①）、適格組織再編や一定の事業再生による支配関係の成立が除かれている点（法令113の2⑤）がそれぞれ異なります。

【欠損等法人の欠損金の繰越しの不適用の判定フローチャート】

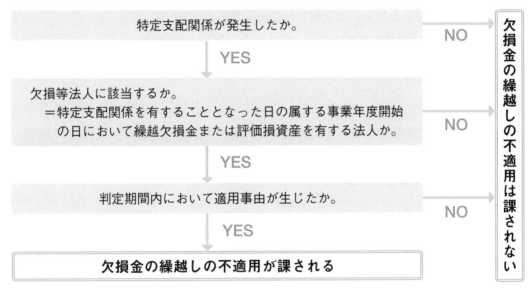

　この場合における特定支配関係とは、欠損等法人の発行済株式または出資の総数または総額の 100 分の 50 を超える数または金額の株式または出資を直接または間接に保有する関係をいいます（法法 57 の 2 ①、法令 113 の 2 ①②、法法 2 十二の七の五、法令 4 の 2 ①）。このように、本章第 4 節で解説した支配関係の考え方と大きくは変わりません*1。

2 特定株主等によって支配された欠損等法人の資産の譲渡等損失額の損金不算入

　平成 18 年度税制改正により、欠損等法人の適用期間内において

生ずる**特定資産の譲渡等特定事由による損失の額**は、当該欠損等法人の各事業年度の所得の金額の計算上、損金の額に算入することができなくなりました（法法60の3①）。

なお、特定資産とは、以下のいずれかの資産をいいます。

・　欠損等法人が**特定支配日の属する事業年度開始の日**において有する資産

・　欠損等法人が適用事業年度の開始の日以後に行われる「他の者」または「関連者」*2 から適格組織再編等*3 により移転を受けた資産

これは、「特定株主等によって支配された欠損等法人の欠損金の繰越しの不適用」と同様の趣旨により、欠損等法人の保有する資産の含み損を利用した不当な租税回避を防止するために設けられたものです。

＊2　「他の者」とは、欠損等法人を支配している者をいい、「関連者」とは、「他の者」に支配されている他の法人をいいます。

＊3　適格組織再編等とは、適格合併、非適格合併のうち譲渡損益の繰延べの適用があるもの、適格分割、適格現物出資または適格現物分配をいいます。

キーワード
特定支配関係を有することとなった日の属する事業年度のことを、**特定支配事業年度**といいます。

3 欠損等法人の意義

欠損等法人とは、特定支配事業年度において、以下のものを有する法人をいいます。

・　特定支配事業年度前の各事業年度において生じた**欠損金額**

・　特定支配事業年度開始の日において有する**評価損資産**

また、評価損資産とは、以下に掲げるもののうち、特定支配事業年度開始の日における価額が同日における帳簿価額に満たない資産をいいます（法令113の2⑥）。

・　固定資産

・　土地（土地の上に存する権利を含みます）

・　有価証券（売買目的有価証券および償還有価証券を除きます）

・　金銭債権

・　繰延資産

・　資産調整勘定

・　繰延譲渡損失

　しかし、上記に該当したとしても、当該含み損の金額が当該欠損等法人の資本金等の額の2分の1に相当する金額と1,000万円とのいずれか少ない金額に満たないものは、評価損資産から除かれています。

　そのため、資本金等の額が300万円である場合には、資本金等の額の2分の1に相当する金額と1,000万円とのいずれか少ない金額は150万円になるため、含み損の金額が150万円に満たないものは、評価損資産から除かれます。

　また、含み損の評価単位は、次の資産の区分に応じ、次に定めるところにより、区分した後の単位とされています（法規26の4①、27の15①）。

〈評価単位〉

区　分		評価単位
金銭債権		債務者ごと
減価償却資産		
	建　物	一棟ごと(建物の区分所有等に関する法律1条〔建物の区分所有〕の規定に該当する建物〔例：マンション〕にあっては、同法2条1項〔定義〕に規定する建物の部分ごと)
	機械及び装置	一の生産設備または一台もしくは一基(通常一組または一式をもって取引の単位とされるものにあっては、一組または一式)ごと
	その他	上記に準じて区分する。
土地等		一筆(一体として事業の用に供される一団の土地等にあっては、その一団の土地等)ごと
有価証券		銘柄の異なるごと
その他の資産		通常の取引の単位を基準として区分する

❹ 制限の対象となる適用事由

　欠損等法人の規制は、すべての欠損等法人に対して課されるわけではなく、以下の場合についてのみ課されます。

　①　欠損等法人が特定支配日の直前において**事業を営んでいない場合**において、特定支配日以後に事業を開始するとき

　②　欠損等法人が特定支配日の直前において営む事業（以下、「旧事業」という。）のすべてを**当該特定支配日以後に廃止し、また**

は廃止することが見込まれている場合において、当該旧事業の当該特定支配日の直前における事業規模のおおむね5倍を超える資金の借入れまたは出資による金銭その他の資産の受入れを行うとき

③　欠損等法人に対する特定債権*4を取得している場合において、当該欠損等法人が旧事業の当該特定支配日の直前における事業規模のおおむね5倍を超える資金借入れ等を行うとき

④　「欠損等法人が特定支配日の直前において事業を営んでいない場合」、「欠損等法人が旧事業のすべてを当該特定支配日以後に廃止し、または廃止することが見込まれている場合」または「特定債権が取得されている場合」において、欠損等法人が自己を被合併法人とする適格合併を行い、または当該欠損等法人（他の内国法人との間に当該他の内国法人による完全支配関係があるものに限る）の残余財産が確定するとき

⑤　欠損等法人が特定支配関係を有することとなったことに基因して、当該欠損等法人の当該特定支配日の直前の特定役員のすべてが退任（業務を執行しないものとなることを含む）をし、かつ、当該特定支配日の直前において当該欠損等法人の業務に従事する使用人（以下、旧使用人」という）の総数のおおむね100分の20以上に相当する数の者が当該欠損等法人の使用人でなくなった場合において、当該欠損等法人の非従事事業（当該旧使用人が当該特定支配日以後その業務に実質的に従事しない事業をいう）の事業規模が旧事業の当該特定支配日の直前における事業規模のおおむね5倍を超えることとなるとき

このうち、間違えやすい論点として、上記②は、旧事業を廃止し、新事業を開始する場合を意味するため、同じような事業を続けている限り、多少の業態変更が行われたとしても、欠損等法人の規制の対象にならないという点が挙げられます。

そして、上記⑤は「基因」と規定されているため、特定支配関係の成立と、役員の退任、使用人の退職との間に相当因果関係が必要になります。そのため、買収後の後発事象により、役員の退任、使用人の退職があったとしても、欠損等法人の規制の対象にはなりません。

*4　「特定債権」とは、欠損等法人に対する債権でその取得の対価の額が当該債権の額の100分の50に相当する金額に満たない場合で、かつ、当該債権の取得の時における当該欠損等法人の債務の総額のうちに占める割合が100分の50を超える場合における当該債権をいいます（法令113の2⑰）。

> 不動産賃貸業を行っている会社の買収なら良いけど、収益を生み出していない不動産を保有しているだけの会社の買収だと、適用事由に該当しそうだよね。

コウジ

5 適用事由が生じたか否かの判定期間

欠損等法人の規制は、半永久的に課されるわけではなく、一定の期間が経過した後に適用事由が生じた場合には適用されません。

具体的には、特定支配日から以下のいずれか早い日までに適用事由が発生した場合にのみ、欠損等法人の規制が適用されます。

(1) 特定支配日以後 5 年を経過した日の前日まで

(2) 他の者による特定支配関係を有しなくなった日

(3) 当該欠損等法人の債務につき一定の債務の免除その他の行為があった日

(4) 欠損等法人において更生手続開始の決定または再生手続開始の決定に準ずる事実等があった日

(5) 欠損等法人が解散した日（解散後の継続または資金借入れ等の見込みがないものに限り、特定支配日前の解散および合併による解散を除く）

6 おわりに

このように、欠損等法人の規制に抵触するのは、非常に限られた事案であると思われます。しかしながら、実際に適用されてしまった場合には、繰越欠損金や含み損を使用できなくなるため、M&Aの際には、常に検討が必要になります。

第13節 法人税以外にも税金があった

流通税（消費税、印紙税、登録免許税および不動産取得税）

ユウタ

上野社長もそろそろ事業承継を考えているみたいだね。上野建設が分割型分割を行って、不動産会社を2つ設立したいって言っていたよ。長男には上野建設を継がせて、ほかの子供たちには不動産会社を継がせたいんだって。

遺留分の問題があるから、長男以外にも、ある程度の財産は残してあげないといけないからね。事業に関係のない不動産賃貸業を切り離して、別会社にしておけば、いわゆる "争族" も回避できそうだし、良いアイデアだよね。

親族外に譲渡する予定もないし、税制適格要件も満たせそうだ。税務上の問題は特にないよね。

コウジ

マヤ

法人税以外にも、たしか、いろいろと税金があったと思うわ。法人税は課税されなくても、他の税金が多額になってしまうなら、上野社長も困ってしまうと思う。でも、一体、どんな税金があるんだろう？

皆さんは、組織再編でどのような税金がかかるのか知っていますか。法人税や所得税だけに目が行きがちですが、本章第7節で解説したように、組織再編で資本金等の額が増加すると、住民税均等割が増加する可能性があります。さらに、不動産賃貸業を切り離すことから、不動産取得税、登録免許税も発生します。そのほかにも、分割による商業登記が必要になるので、そのための登録免許税も必要ですし、印紙税も必要になります。

このように、組織再編を実行する際には、法人税以外の税金についても、きちんと把握しておく必要があります。

サトウ先生

1 流通税の種類

　組織再編を行うと、法人税、所得税、住民税均等割、相続税など
に影響を与えることがありますが、本節では、資産の移転に対して
課税される流通税について解説します。

　流通税には、以下のものが挙げられます。

- ・　消費税
- ・　関税
- ・　印紙税
- ・　登録免許税
- ・　不動産取得税
- ・　自動車取得税

　このうち、関税や自動車取得税が問題になることはそれほど多く
はないため、本節では、消費税、印紙税、登録免許税および不動産
取得税についてのみを取り上げます。

2 消費税*1

　消費税法上、国内において事業者が行った資産の譲渡等に対して、
消費税が課税されます（消法4①）。そのため、事業譲渡による資
産の移転に対しては消費税が課されますが、合併または分割による
資産の移転に対しては、包括承継であることから、消費税が課され
ません。

　また、現物分配による資産の移転も、株主たる地位に基づいて配
当として受け取るものなので、消費税の課税対象にはなりません（消
基通 5-2-8）。

*1　免税事業者になれる
か否か、簡易課税事業者に
なれるか否かも論点となる
ことがありますが、本書で
は解説を省略します。

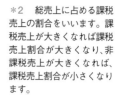

事業譲渡を行った場合には、消費税の課税対象になりますが、事業譲渡法人で消費税が課されたとしても、事業譲受法人で仕入税額控除を十分に認識することができれば、実質的な負担はありません。

しかし、課税仕入れ等に係る消費税額の全額ではなく、課税売上に対応する部分のみが、仕入税額控除の対象になります。一般的に課税売上割合*2 が小さくなると、仕入税額控除の金額も小さくなります。

そして、土地の譲渡は非課税売上に該当するため、事業譲渡に伴って、事業譲渡法人の課税売上割合が減少し、事業譲渡法人の仕入税額控除が小さくなる場合があり得ます*3。さらに、事業譲受法人が負担した消費税に対して、十分に仕入税額控除を認識することができない場合も問題になります。このような場合には、事業譲渡ではなく、消費税の課税対象にならない分割を選択する場合もあり得ます。

サトウ先生

*2　総売上に占める課税売上の割合をいいます。課税売上が大きくなれば課税売上割合が大きくなり、非課税売上が大きくなれば、課税売上割合が小さくなります。

*3　事業譲渡により、著しく課税売上割合が減少した場合には、「消費税課税売上割合に準ずる割合の適用承認申請書」を提出することにより、事業譲渡法人の仕入税額控除が小さくならないようにすることも、実務上、検討することがあります。

3 印紙税

　組織再編における各種契約書に係る印紙税は以下のとおりです（印法別表第 1）*4。

組織再編	契約書の名称	分　類	印紙税の額
合　併	合併契約書	第5号文書	4万円／1通
吸収分割	分割契約書	第5号文書	4万円／1通
新設分割	分割計画書	第5号文書	4万円／1通
事業譲渡	事業譲渡契約書	第1号文書	200円～60万円／1通
株式交換	株式交換契約書	－	非課税
株式移転	株式移転計画書	－	非課税

*4　印紙税法における第1号文書では、不動産等の譲渡に係る契約書が定められていますが、合併、分割により移転する資産にこれらの資産が含まれている場合であっても、合併契約書、分割契約書および分割計画書は第1号文書には該当せず、第5号文書として取り扱われます（印紙税法基本通達別表第1第5号文書3）。また、事業譲渡において不動産等を移転するほか、債権譲渡や債務の引受けも行う契約書を作成するときは、第1号文書と第15号文

　なお、通常の会社の設立では、会社の設立に際して作成される原始定款で公証人が保存するものに対して、4万円の印紙税が課せられます（印法別表第1六）。これに対し、新設合併、新設分割または株式移転による設立の際に作成される定款には、公証人の認証は不要であることから、印紙税は課せられません。

　そのほか、株券の発行による印紙税も課されますが、株券を発行することが稀であるため、本書では解説を省略します。

書の2つに該当することになりますが、第1号文書として取り扱われます（印法別表第一-3イ）。

4 登録免許税

（1）商業登記

　たとえば、吸収合併の場合には、被合併法人が解散することから、解散の登記が必要となり（会社法921、922、商登法79）、本店所在地において30,000円、支店所在地において9,000円の登録免許税の支払いがそれぞれ必要になります（登免法別表第1二十四（一）レ、（二）イ）[*5]。

　さらに、株式会社または合同会社である合併法人で増加した資本金の額に対する登記が必要となり、本店所在地において、増加資本金の額の1,000分の7の登録免許税が発生します。ただし、被合併法人の資本金の額に相当する部分の金額については、税率が1,000分の1.5まで軽減されています（登免法別表第1二十四（一）ホ、ヘ）。また、支店所在地において、変更登記が必要になる場合には、9,000円の登録免許税の支払いが必要になります（登免法別表第1二十四（二）イ）。

　このように、登記が必要なものに対して、登録免許税が発生するため、どのような登記が必要になるのか、事前に司法書士と確認しておく必要があります。

*5　2019年の会社法改正により、2022年度から支店における登記が不要になることが予定されています（具体的な施行日は、本書校了段階では未定）。そのため、支店における登録免許税の支払いも不要になったといえます。

（2）不動産登記

　事業譲渡により、不動産の所有権が移転する場合には、所有権移転登記に伴う登録免許税が発生します。この場合の登録免許税は、固定資産税評価額の1,000分の20です（登免法別表1一（二）ハ）。

　ただし、2023 年 3 月 31 日までに行われる土地に係る所有権移転登記に対する登録免許税は、固定資産税評価額の 1,000 分の 15 まで軽減されています（措法 72 ①）。さらに、合併による所有権の移転に対しては、固定資産税評価額の 1,000 分の 4 まで軽減されています（登免法別表 1 一（二）イ）。これに対し、分割による所有権の移転に対する軽減税率は、一部の特殊なものを除き、原則として、認められていません。

　所有権移転登記以外の登記が必要になる場合にも、それぞれ登録免許税の負担が発生します。このように、登記が必要なものに対して、登録免許税が発生するため、どのような登記が必要になるのか、事前に司法書士と確認しておく必要があります。

ユウタ

さすがに、公認会計士試験で登記はきちんと勉強しなかったから、どんな登記が必要なのかは、司法書士に聞かないとわからないよね。

5　不動産取得税

　組織再編により不動産を取得した場合にも、原則として、不動産取得税が課されます。ただし、合併または以下の要件を満たす分割に対しては、不動産取得税が非課税とされています（地法 73 の 7 二、地令 37 の 14）[*6]。

　①　金銭等不交付要件
　②　主要資産等引継要件
　③　従業者従事要件
　④　事業継続要件
　⑤　按分型要件（分割型分割の場合のみ）

　上記の要件は、法人税法における税制適格要件に似ていますが、完全支配関係がある場合であっても、上記の要件を満たす必要があるという点が異なります。

＊6　合併による不動産の移転に対しては、特段の要件がないため、すべての合併に対して不動産取得税が課されません。

サトウ先生

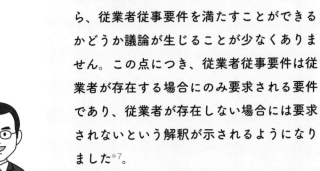

不動産賃貸業を分割の対象にする場合には、従業者が存在しないことが多いことから、従業者従事要件を満たすことができるかどうか議論が生じることが少なくありません。この点につき、従業者従事要件は従業者が存在する場合にのみ要求される要件であり、従業者が存在しない場合には要求されないという解釈が示されるようになりました[7]。

そのため、上野社長が行おうとしている分割型分割では、従業者が存在しない場合であっても、不動産取得税の非課税要件を満たす余地があります。ただし、単なる不動産の移転では、事業継続要件を満たすことができないため、反復継続的に計上される売上がある場合に限定されているという点にご留意ください。

[7] 角田晃「都道府県税関係 会社分割における従業者要件の判定：不動産取得税の課税・非課税をめぐって（ここが知りたい最新税務Q&A）」税 68巻2号71頁（平成25年）。

6 おわりに

　本節では、流通税について解説しました。法人税、所得税以外にも、たくさんの税金があることが理解できたと思います。

　特に不動産が多額になる場合には、不動産取得税および登録免許税も多額になってしまうため、実務では、これらの税金についての検討もそれぞれ必要になります。

REORGANIZATIONS

第 **2** 章

実務での
利用方法

本章では、第1章で解説した組織再編税制の知識を用いて、実務でどのように組織再編を行うのかという点について解説します。

　組織再編は道具に過ぎず、それ自体が目的になることはあり得ません。実務上、組織再編を用いる場合として、M&A、事業承継、事業再生、他社との合弁、グループの効率化などが挙げられますが、これらの目的に応じて、選択される組織再編の手法も異なりますし、実務で論点になりやすい箇所も変わってきます。

第1節 実態が一緒だとダメですよ

第2会社方式

コウジ

竹村社長は、子会社への債権放棄を考えているらしいよ。親会社の事業は順調らしいから、子会社への債権放棄損を損金の額に算入したいと思っているみたい。でも、これって、寄附金だよね。

確かに寄附金にはなるだろうね。でも、そんな事案は今までたくさんあっただろうけど、それがすべて寄附金だということになったら子会社の再生なんかできないよ。親会社責任というのもあるだろうし、きっと、損金の額に算入できる方法ってあると思うな。

ユウタ

マヤ

大学の授業で習ったけど、20年前は不良債権処理が大変だったらしいね。金融機関の不良債権だけじゃなくて、ゴルフ場とか、リゾートホテルとかを子会社にやらせたせいで、親会社が膨大な損害を被ったらしいわ。こういった損失が寄附金で処理されていたなんて信じられないし、ユウタの言うとおり、損金の額に算入できる方法はあると思いたいな。

親会社であっても、債権者平等主義の原則、株主有限責任の原則があることから、法律上は、他の債権者よりも多額の負担をする必要はありませんし、出資額を超えた負担をする必要もありません。ただし、社会通念上、親会社としての経営責任があることから、租税法上は、そのような形式的な解釈をすべきではありません。
しかし、子会社に対する債権放棄により生じた損失は、原則として、寄附金として損金の額に算入することができません。このような不都合を回避するために、法人税基本通達9-4-1、9-4-2が定められています。

サトウ先生

1 子会社支援の手法

　債務超過の子会社に対する支援の手法として、①債権放棄、②金銭出資、③ DES、④疑似 DES、⑤第 2 会社方式が挙げられます。このうち、③ DES は、第 1 章第 9 節で解説したように、債権の現物出資のことをいうため、適格現物出資に該当する場合と非適格現物出資に該当する場合がそれぞれ想定されます。

　いずれの手法を採用したとしても、子会社支援を行う場合には、子会社支援によって生じた損失が、**親会社において損金の額に算入することができるか否か**という点が問題になります。

　この点につき、①債権放棄を採用した場合には、**合理的な再建計画**に該当する場合にのみ損金の額に算入することができ（法基通9-4-2）、それ以外の場合には、**寄附金**[*1] として処理されます。そして、債権の帳簿価額が 100 であり、回収可能額が 10 である場合において、③ DES（非適格現物出資）を採用したときは、以下の仕訳を行います。

【DES（非適格現物出資）】

（子会社株式）	10	（債　　　権）	100
（債権譲渡損）	90		

　このように計上された債権譲渡損は、合理的な再建計画に該当する場合にのみ損金の額に算入することができ、それ以外の場合には、寄附金として処理されます（法基通 2-3-14、9-4-2）。

　しかし、①債権放棄および③ DES（非適格現物出資）のいずれを採用したとしても、合理的な再建計画に該当させるためのハードルは極めて高く、あまり現実的な手法とはいえません。

　また、②金銭出資、③ DES（適格現物出資）、④疑似 DES を採用した場合には、子会社に対して支援した金額がいずれも**有価証券の取得価額**に算入されるため、**有価証券評価損**を計上することができるかが問題になりますが、いずれの手法を採用したとしても、有価証券評価損を計上することができません（法基通 9-1-12）[*2]。そのため、有価証券の取得価額に算入されたままの状態になってしまい、

*1　内国法人が金銭その他の資産または経済的な利益の贈与または無償の供与をした場合における当該金銭の額もしくは金銭以外の資産のその贈与の時における価額または当該経済的な利益のその供与の時における価額をいいます（法法37⑦）。法人税法上、寄附金に該当した場合には、損金算入限度額を超える部分について、損金の額に算入することができません（法法37①）。

*2　法人税基本通達9-1-12では、株式（出資を含む。以下同じ）を有している法人が当該株式の発行法人の増資に係る新株を引き受けて払込みをした場合には、仮に当該発行法人が増資の直前において債務超過の状態にあり、かつ、その増資後においてなお債務超過の状態が解消していないとしても、有価証券評価損の計上を認めないことが明らかにされています。ただし、その増資から相当の期間を経過した後において改めて当該事実が生じたと認められる場合には、有価証券評価損の計上が認められます。

損金の額に算入することができません。

【擬似 DES】

● 金銭の払込み

（子会社株式）　　　　　 100　（現 金 預 金）　　　　　 100

● 貸付金の回収

（現 金 預 金）　　　　　 100　（貸　付　金）　　　　　 100

　したがって、現在では、⑤第 2 会社方式のみが現実的な手法であるといわれています。第 2 会社方式とは、事業譲渡または会社分割により、赤字子会社の資産とそれに相当する負債を受皿会社に対して譲渡し、残った赤字子会社の負債を清算手続により切り捨てさせる手法をいいます。

【第 2 会社方式】

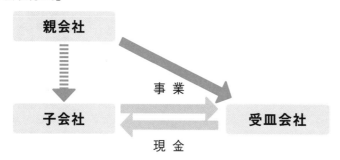

【まとめ】

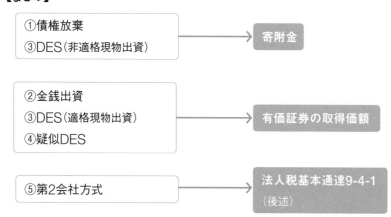

2 親会社における税務処理

第 2 会社方式を行った場合には、親会社において、以下の 3 つの損失が発生します。

- ・ 子会社株式に係る消却損失
- ・ 子会社に対する売掛金、貸付金等に係る損失
- ・ 子会社の借入金の債務引受に係る損失

このうち、売掛金、貸付金等に係る損失、債務引受に係る損失が、法人税法上、寄附金に該当した場合には、損金算入限度額を超える部分の金額を損金の額に算入することができません（法法 37 ①）。そして、第 2 会社方式を採用した場合において、これらの損失が寄附金に該当するかどうかは、**法人税基本通達 9-4-1** により判断します。法人税基本通達 9-4-1 では、子会社の解散などに伴い、当該子会社等のために債務の引受けその他の損失負担、または債権放棄等をした場合において、その損失負担等をしなければ、今後より大きな損失を蒙ることが社会通念上明らかであると認められ、やむを得ずその損失負担等をするに至った等、相当な理由があると認められるときには、寄附金とせずに、損金の額に算入することを認めているからです。

そして、実務上、法人税基本通達 9-4-1 の要件を満たすことができるかは、**旧会社と新会社の同一性**が排除されているかどうかで判断されます*3。

*3　実務上は、①社名を変更したり、②固定資産を受皿会社ではなく、親会社に譲渡したり、③従業員の退職金を打切支給したり、④従業員の整理解雇を行ったり、⑤役員構成を変えたりすることにより、同一性の排除を行っています。

*4　和解型（対税型）の特別清算とは、個別の和解によって清算する特別清算をいい、協定型（本来型）の特別清算とは、裁判所による協定によって清算する特別清算をいいます。

*5　法人税基本通達9-6-1(2)では、「特別清算に係る協定の認可の決定があった場合において、この決定により切り捨てられることとなった部分の金額」を貸倒損失として損金の額に算入することを認めています。

サトウ先生

かつては、風評被害を避けるために、通常清算を採用したうえで、法人税基本通達 9-4-1 に該当するかどうかを検討していました。しかし、組織再編や事業再生が一般化してくると、子会社を特別清算したとしても、ほとんど風評被害が生じなくなったため、2005 年前後から、和解型（対税型）*4 の特別清算を利用することが増えてきました。そして、和解型（対税型）の特別清算を利用した場合には、法人税基本通達 9-6-1（2）*5 に該当するものとして処理していました。
しかし、東京高判平成 29 年 7 月 26 日（TAINS コード Z888 ―

2132）では、法人税基本通達 9-6-1（2）の適用を認めずに、同通達 9-4-1 で判断すべきものと判示しました。これは、同通達 9-6-1（2）で直接的に規定されているのは協定型（本来型）の特別清算であり、和解型（対税型）の特別清算ではないからです。

そうなると、どうしたら、法人税基本通達 9-4-1 の要件を満たすことができるのかが問題になります。この点については、和解型（対税型）の特別清算ではなく、通常清算による第2会社方式を採用していた時代に遡って分析する必要があります。当時の実務では、第一会社（旧会社）と第二会社（新会社）との間に、同一性がない場合について法人税基本通達 9-4-1 の適用を認め、同一性がある場合には適用を認めないものとされていました[6]。

そして、東京高判平成 29 年 7 月 26 日により、通常清算であっても、特別清算（和解型）であっても、第2会社方式を採用した場合には、同通達 9-4-1 により判断することが明らかになりました。このことから、第一会社（旧会社）と第二会社（新会社）との間における同一性の排除の重要性は格段に高まったといえます。

コウジ

従業員の整理解雇や退職金の打切支給ができれば、税務上のリスクはかなり軽減できるということだね。でも、労働法の問題[7] もあるだろうし、実務上はかなり悩ましい論点になるだろうね。

*6　東京国税局調査第一部調査審理課『Q＆A不良債権処理の税務判断』175、176頁（ぎょうせい、1995年）。

*7　「事業譲渡又は合併を行うに当たって会社等が留意すべき事項に関する指針」参照。

3 子会社における税務処理

(1) 債務免除益課税の取扱い

　解散を行った場合において、時価ベースで債務超過であるときは、残余財産の確定の日の属する事業年度において、債権者の債権が切り捨てられ、債務免除益が発生します。その結果、債務免除益と相殺できるだけの十分な繰越欠損金がない場合には、弁済できない債務の免除益に対して、法人税、住民税および事業税の負担が発生してしまいます。

　これに対応するために、解散後の清算事業年度において、残余財産がないと見込まれる場合（時価ベースで債務超過である場合）には、清算事業年度前の各事業年度（「適用年度」といいます）において生じた**特例欠損金（期限切れ欠損金）**を損金の額に算入することが認められています（法法59③）。そして、特例欠損金の損金算入額は、以下のように計算します。

〈特例欠損金の損金算入額の計算〉

　特例欠損金の損金算入額

　＝①から②を控除した金額（法令118、法基通12-3-2）

① 　適用年度の法人税確定申告書に添付する別表五（一）「利益積立金額及び資本金等の額の計算に関する明細書」に**期首現在利益積立金額の合計額**として記載されるべき金額で、当該金額が負（マイナス）である場合の当該金額

② 　適用年度の所得金額の計算上損金の額に算入される繰越欠損金額または災害損失金額

〈**別表五（一）**〉

Ⅰ 利益積立金額の計算に関する明細書				
区　分	期首現在利益積立金額	当期の増減		差引翌期首現在利益積立金額
		減	増	
	①	②	③	④
×××	××百万円	××百万円	××百万円	××百万円
小　計	××百万円	××百万円	××百万円	××百万円
納税充当金	××百万円	××百万円	××百万円	××百万円
未納法人税等	××百万円	××百万円	××百万円	××百万円
差引合計額	△1,000百万円	××百万円	××百万円	××百万円

> 「適用年度終了の時における前事業年度以前の
> 事業年度から繰り越された欠損金額の合計額」
> ＝1,000百万円

＊8　平成23年度税制改正前は、適用年度終了の時における資本金等の額がマイナスである場合には、マイナスの資本金等の額に相当する債務免除益課税が生じていましたが、平成23年度税制改正により、適用年度終了の時におけるマイナスの資本金等の額を特例欠損金に含める（加算する）ことが可能になったため、残余財産の確定の日の属する事業年度に損金の額に算入することができない経費が発生する場合を除き、債務免除益課税は生じなくなりました（法令118一）。

　上記の結果、適用年度におけるマイナスの期首現在利益積立金額に相当する金額が、繰越欠損金および特例欠損金の合計額となることから、資本金等の額が0以上である場合には、（A）の合計金額と（B）の合計金額が一致します。

　（A）　① 債務免除益

　　　　　② 資本金等の額

　（B）　① 残余財産の確定の日の属する事業年度中における損失

　　　　　② 繰越欠損金の損金算入額

　　　　　③ 特例欠損金の損金算入額

　そのため、残余財産の確定の日の属する事業年度に発生した損金の額に算入することができない経費が資本金等の額を超える場合を除き、原則として、債務免除益課税が生じません＊8。

（2）事業譲渡（または会社分割）と解散のタイミング

　前述のように、清算中に終了する事業年度（清算事業年度）では、特例欠損金を損金の額に算入することが認められています。そして、特例欠損金と相殺することができる益金の額の範囲については、特

に制限されていないため、債務免除益により生じた益金の額だけでなく、**資産の譲渡により生じた益金の額**と特例欠損金とを相殺することができます。

事業譲渡（または会社分割）により、受皿会社に事業を移転する場合において、解散の日までに事業譲渡（または会社分割）を行ったときは、譲渡益と特例欠損金とを相殺することができませんが、**解散の日の翌日以降**に事業譲渡（または会社分割）を行ったときは、清算事業年度で譲渡益が生じていることから、譲渡益と特例欠損金とを相殺することができます。

> 解散した会社で事業を続けるわけにもいかないから、解散の翌日に事業譲渡（または会社分割）をするんだろうね。
> これだけで譲渡益と特例欠損金を相殺することができるんだから、必ず検討しないといけないね。

マヤ

（3）その他の税目

上記のほか、事業譲渡または会社分割に伴う資産の移転により、消費税、不動産取得税、登録免許税、印紙税等の負担が発生し、受皿会社の設立により、登録免許税、印紙税の負担が発生します（第1章第13節参照）。

4 完全子会社に対する支援

平成22年度税制改正前は、完全子会社（100％子会社）が解散し、残余財産が確定した場合には、親会社から子会社に対する株式が消却され、親会社における課税所得の計算上、当該子会社株式の消却による損失が損金の額に算入されていました。

しかし、グループ法人税制の導入に伴い、完全子会社が解散した場合には、当該完全子会社に対する**株式消却損**を認識することができなくなりました（法法61の2⑰）。そして、当該完全子会社の**繰越欠損金**を親会社に引き継ぐことができるようになりました（法法57②）。このように、完全子会社の清算は、完全子会社との適格合

併と似たような取扱いになります。

　これに対し、貸倒損失、子会社整理損失は、特に改正されません
でした。そのため、親会社においてこれらの損失に係る損金の額が
発生した場合には、子会社において債務免除益に係る益金の額が発
生し、当該債務免除益と相殺された後の繰越欠損金が親会社に引き
継がれます。具体的には、以下の事例をご参照ください。

◆具体例①：繰越欠損金が債務超過額よりも大きい場合

- A 社の繰越欠損金

    ×1 年 3 月期　　　　　500 百万円

    ×2 年 3 月期　　　　1,000 百万円

    ×3 年 3 月期　　　　　700 百万円

- A 社の時価債務超過額は 900 百万円
- A 社の保有する資産および負債の時価と簿価は一致
- P 社と A 社との間の支配関係は、10 年前から継続

　この場合には、P 社において 900 百万円の損失が発生するとと
もに、1,300 百万円（×2 年 3 月期：600 百万円、×3 年 3 月期 700
百万円）の繰越欠損金を引き継ぐことができます。

◆具体例②：繰越欠損金が債務超過額よりも小さい場合

- A 社の繰越欠損金

    ×1 年 3 月期　　　　　500 百万円

    ×2 年 3 月期　　　　1,000 百万円

    ×3 年 3 月期　　　　　700 百万円

- A 社の時価債務超過額は 3,000 百万円
- A 社の保有する資産および負債の時価と簿価は一致

　この場合には、P 社において 3,000 百万円の損失が発生しますが、
A 社では、特例欠損金（800 百万円）と繰越欠損金（2,200 百万円）
がそれぞれ債務免除益と相殺されてしまうため、A 社の繰越欠損
金は 0 円となり、A 社の繰越欠損金を P 社に引き継ぐことはでき
ません。

5 おわりに

このように、債務超過の子会社の支援は、第 2 会社方式により行うことが一般的です。しかし、東京高判平成 29 年 7 月 26 日が公表されてからは、子会社と新会社の同一性を排除しないと、寄附金として認定されるリスクが高まったということがいえます。

同判決が公表される前であっても、同一性の排除の必要性は認識されていたものの、特別清算（和解型）であれば、同一性を排除しなくても、法人税基本通達 9-6-1（2）の要件を満たすことができるという誤解が広まっていました。そのため、実務では、ややアグレッシブなスキームが見受けられます。

しかし、本判決を受けて、今後、同一性の排除はかなり慎重に検討する必要があるという点に注意しましょう。

❹「完全子会社に対する支援」で解説したように、親会社において、貸倒損失、子会社整理損失を損金の額に算入することができる場合には、子会社において債務免除益に係る益金の額が発生し、当該債務免除益と相殺された後の繰越欠損金が親会社に引き継がれます。
それでは、親会社で発生した貸倒損失、子会社整理損失が寄附金として損金の額に算入できない場合には、**具体例①**、**具体例②**は、どのようになるのでしょうか。考えてみましょう。

第2節 繰越欠損金を使って節税したい

繰越欠損金の利用

コウジ

池田社長は、子会社に繰越欠損金が多額にあるから、これを利用したいと言っていたよ。100％子会社だし、合併をしてしまえば、繰越欠損金が使えるよね。

確かにその方法は考えられるわ。たしか、この前の竹村社長の案件（本章第1節参照）では、第2会社方式を検討していたよね。でも、今回の案件では、繰越欠損金はあるけど、貸借対照表を見ると、債務超過ではないみたいだから、そのまま合併をするしかないかもね。

マヤ

ユウタ

ちょっと待てよ。池田社長の子会社って、リゾート開発に失敗した会社だよね。減損会計を適用していないから、建物も土地も含み損だらけじゃないか。簿価ベースでは資産超過かもしれないけど、時価ベースでは、とんでもない債務超過かもしれないよ。

皆さんは、子会社に繰越欠損金があった場合に、どうやってグループ会社で有効に利用することを考えますか？

マヤの言うように、一般的には、合併と第2会社方式が考えられます。このうち、合併を選択すれば、子会社の繰越欠損金を引き継ぐことができます。そして、第2会社方式を選択すれば、子会社整理損失を認識することができます（本章第1節参照）。

ユウタの指摘は面白いですね。中小企業の子会社では、簿価ベースでは資産超過であるにもかかわらず、時価ベースでは債務超過である事案が少なくありません。もし、繰越欠損金は少額だけど、時価ベースの債務超過額はかなりの金額になるかもしれないという事案であれば、第2会社方式により子会社整理損失を認識したほうが有利であることは言うまでもありません。

サトウ先生

1　議論の前提

本章第 1 節で解説したように、子会社に対する支援の方法としては、債権放棄、金銭出資、DES および疑似 DES のいずれも税務上の問題があることから、第 2 会社方式を採用すべきです。

このほか、子会社を吸収合併することにより、繰越欠損金を他のグループ会社で利用するという方法も考えられます。そして、第 2 会社方式を選択するにしても、事業譲渡先を他の子会社ではなく、親会社にすることも考えられます。ここでは、単純化のために、親会社と吸収合併する場合と、親会社に事業譲渡したうえで子会社を清算する場合の 2 つを比較したうえで検討します。

なお、吸収合併を行った場合には、適格合併に該当し、繰越欠損金の引継制限、使用制限、特定資産譲渡等損失の損金不算入は課されず、子会社を清算した場合には、子会社整理損失を損金の額に算入できることを前提にしています。

2　支配関係は成立しているが、完全支配関係は成立していない場合

（1）資産および負債に含み損益がない場合

◆前提条件

・　子会社が保有する資産および負債に含み損益はなく、すべての帳簿価額と時価が一致している。

・　親会社が保有する子会社株式の帳簿価額は 7 百万円である。

・　親会社は子会社の発行済株式総数の 70% を保有している。

・　子会社における税務上の繰越欠損金は 500 百万円であり、親会社の収益力を考慮するとすべての繰越欠損金が使用可能である。

・　子会社は 1,000 百万円の債務超過であり、特別清算を行った場合には、親会社において、1,000 百万円の子会社整理損失を損金の額に算入することができる。

〈有利不利判定〉

	吸収合併	第2会社方式
法人税、住民税および事業税	繰越欠損金を500百万円引き継ぐ。	〈子会社株式消却損〉 残余財産がないため、7百万円の子会社株式消却損が発生する。 〈子会社整理損失〉 1,000百万円の子会社整理損失が発生する。
消費税	課税対象外取引	課税取引
不動産取得税	非課税取引	課税取引
登録免許税	軽減税率あり	課税取引

　上記のように、第2会社方式を選択した場合には、子会社が債務超過であることから、**子会社株式消却損（7百万円）**と**子会社整理損失（1,000百万円）**を損金の額に算入することができます。これに対して、吸収合併を選択した場合には、子会社の**繰越欠損金（500百万円）**を引き継ぐことができます。

　このように、第2会社方式により認識することのできる損失のほうが大きいため、第2会社方式を選択したほうが有利であると考えられます。ただし、**不動産取得税**や**登録免許税**による影響が大きい場合には、吸収合併のほうが有利になることもあります。

　これに対し、子会社の**繰越欠損金が2,000百万円**もある場合には、**第2会社方式で発生する損失の額（1,007百万円）**よりも、繰越欠損金の引継ぎにより生じる課税所得の圧縮額のほうが大きいことから、法人税法上は吸収合併のほうが有利になります。

　ただし、繰越欠損金の繰越期間は9年または10年間と定められていることから、繰越欠損金の発生年度が古い場合には、繰越欠損金の使用期限が到来することによる影響をも加味しながら、有利不利判定を行う必要があります。

コウジ

> 一般的に、親会社が保有している子会社株式の帳簿価額はそれほど大きくはないから、子会社の債務超過額と繰越欠損金を比較すれば、だいたいの答えは出そうだね。

（2）資産に含み損がある場合

◆前提条件

- 子会社の簿価純資産価額は 10 百万円であるが、保有する資産に含み損があることから、時価ベースの債務超過額は 1,000 百万円である。そのため、特別清算を行った場合には、親会社において、1,000 百万円の子会社整理損失を損金の額に算入することができる。
- 親会社が保有する子会社株式の帳簿価額は 7 百万円である。
- 親会社は子会社の発行済株式総数の 70% を保有している。
- 子会社には、税務上の繰越欠損金は存在しない。

〈有利不利判定〉

	吸収合併	第2会社方式
法人税、住民税および事業税	引き継ぐことができる繰越欠損金は存在しない。	〈子会社株式消却損〉 残余財産がないため、7百万円の子会社株式消却損が発生する。 〈子会社整理損失〉 1,000百万円の子会社整理損失が発生する。
消費税	課税対象外取引	課税取引
不動産取得税	非課税取引	課税取引
登録免許税	軽減税率あり	課税取引

　ユウタが指摘したように、子会社の簿価純資産価額がプラスであったとしても、保有している資産に含み損があることから、時価純資産価額がマイナスになる場合があります。

　このような場合には、第 2 会社方式を選択することにより、**子**

会社が保有する資産の含み損を実現させ、親会社において子会社整理損失（1,000百万円）を認識することができます。

　このように、第2会社方式により認識することのできる損失のほうが大きいため、第2会社方式を選択したほうが有利であると考えられます。ただし、**不動産取得税**や**登録免許税**による影響が大きい場合には、吸収合併のほうが有利になることもあります。

やっぱり、池田社長には、第2会社方式を提案したほうがよさそうだね。でも、リゾート開発をしていた不動産がたくさんありそうだから、不動産取得税や登録免許税の影響も調べておかないとね。

ユウタ

③ 完全支配関係が成立している場合

（1）債務超過額が繰越欠損金よりも小さい場合

◆前提条件

・　子会社が保有する資産および負債に含み損益はなく、すべての帳簿価額と時価が一致している。

・　親会社が保有する子会社株式の帳簿価額は10百万円である。

・　親会社は子会社の発行済株式のすべてを保有している。

・　子会社における税務上の繰越欠損金は500百万円あり、親会社の収益力を考慮するとすべての繰越欠損金が使用可能である。

・　時価ベースで、子会社は100百万円の債務超過であり、特別清算を行った場合には、親会社において、100百万円の子会社整理損失を損金の額に算入することができる。

〈有利不利判定〉

	吸収合併	第2会社方式
法人税、住民税および事業税	繰越欠損金を500百万円引き継ぐ。	〈子会社株式消却損〉 完全子会社の子会社株式消却損は認識することができない。 〈子会社整理損失〉 100百万円の子会社整理損失が発生する。 〈繰越欠損金〉 債務免除益計上後の繰越欠損金（400百万円）を引き継ぐ。
消費税	課税対象外取引	課税取引
不動産取得税	非課税取引	課税取引
登録免許税	軽減税率あり	課税取引

　本章第１節で解説したように、完全子会社が解散した場合には、当該完全子会社に対する株式消却損を認識することができません（法法61の2⑰）。ただし、当該完全子会社の繰越欠損金を親会社に引き継ぐことができます（法法57②）。

　上記のように、子会社が債務超過である場合において、親会社において子会社整理損失が発生するときは、子会社において債務免除益が発生し、当該債務免除益と相殺された後の繰越欠損金が親会社に引き継がれます。

　そして、債務超過額が繰越欠損金よりも小さい場合において、第２会社方式を選択したときは、親会社において**子会社整理損失の認識（100百万円）**と**繰越欠損金の引継ぎ（400百万円）**が行われるため、節税効果は、債務免除益計上前の子会社における繰越欠損金の金額と等しくなります。

　そのため、吸収合併を選択した場合であっても、繰越欠損金を引き継ぐという節税メリットのみを享受することから、法人税法上の影響はほとんどないように思えてしまいます。

　しかしながら、子会社整理損失として認識したほうが、**繰越欠損金の発生年度が新しくなる**ことから、繰越欠損金の使用期限を考えると、子会社整理損失として認識できたほうが有利であるケースも

少なくありません。

（2）債務超過額が繰越欠損金よりも大きい場合

◆前提条件

- 　子会社が保有する資産および負債に含み損益はなく、すべての帳簿価額と時価が一致している。
- 　親会社が保有する子会社株式の帳簿価額は 10 百万円である。
- 　親会社は子会社の発行済株式のすべてを保有している。
- 　子会社における税務上の繰越欠損金は 500 百万円あり、親会社の収益力を考慮するとすべての繰越欠損金が使用可能である。
- 　時価ベースで、子会社は 1,000 百万円の債務超過であり、特別清算を行った場合には、親会社において、1,000 百万円の子会社整理損失を損金の額に算入することができる。

〈有利不利判定〉

	吸収合併	第2会社方式
法人税、住民税および事業税	繰越欠損金を500百万円引き継ぐ。	〈子会社株式消却損〉 完全子会社の子会社株式消却損は認識することができない。 〈子会社整理損失〉 1,000百万円の子会社整理損失が発生する。 〈繰越欠損金〉 繰越欠損金よりも債務免除益の金額が大きいため、親会社に引き継ぐべき繰越欠損金は存在しない。 なお、子会社では、債務免除益と特例欠損金を相殺することができるため、債務免除益課税は発生しない。
消費税	課税対象外取引	課税取引
不動産取得税	非課税取引	課税取引
登録免許税	軽減税率あり	課税取引

　子会社が債務超過である場合において、親会社に子会社整理損失
が発生するときは、子会社に債務免除益が発生し、当該債務免除益
と相殺された後の繰越欠損金が親会社に引き継がれます。

　しかしながら、債務超過額が繰越欠損金よりも大きい場合には、
債務免除益計上後に繰越欠損金が残らないため、親会社に引き継ぐ
べき繰越欠損金は存在しません。

　そのため、第 2 会社方式における**子会社整理損失（1,000 百万円）**
と、吸収合併における**繰越欠損金（500 百万円）**を比較すべきであ
ると考えられます。

（3）含み損があり、かつ、債務超過である場合

◆前提条件

- 　子会社から親会社に対して移転する資産および負債の含み
損は 200 百万円である。
- 　親会社が保有する子会社株式の帳簿価額は 10 百万円である。
- 　親会社は子会社の発行済株式のすべてを保有している。
- 　子会社における税務上の繰越欠損金は 500 百万円であり、
親会社の収益力を考慮するとすべての繰越欠損金が使用可能で
ある。
- 　時価ベースで、子会社は 100 百万円の債務超過であり、特
別清算を行った場合には、親会社において、100 百万円の子会
社整理損失を損金の額に算入することができる。

〈有利不利判定〉

	吸収合併	第2会社方式
法人税、住民税および事業税	繰越欠損金を500百万円引き継ぐ。	〈子会社株式消却損〉 完全子会社の子会社株式消却損は認識することができない。 〈子会社整理損失〉 100百万円の子会社整理損失が発生する。 〈繰越欠損金〉 事業譲渡損（200百万円）、債務免除益（100百万円）を認識した後の繰越欠損金は600百万円まで増加する。
消費税	課税対象外取引	課税取引
不動産取得税	非課税取引	課税取引
登録免許税	軽減税率あり	課税取引

移転資産に含み損がある場合において、第 2 会社方式を選択したときは、グループ法人税制が適用されることにより、事業譲渡の段階で譲渡損益が繰り延べられます（法法 61 の 13 ①）。しかし、子会社が清算することにより完全支配関係を有しなくなるため、残余財産の確定の日に繰り延べられていた譲渡損益が実現します[1]。このように、いずれにしても事業譲渡損が実現することから、親会社に引き継ぐべき繰越欠損金が増加します。

そのため、第 2 会社方式により認識することができる**子会社整理損失（100 百万円）**と引き継ぐことができる**繰越欠損金（600百万円）**の**合計金額（700 百万円）**のほうが大きいため、第 2 会社方式を選択したほうが有利であると考えられます。ただし、**不動産取得税**や**登録免許税**による影響が大きい場合には、吸収合併のほうが有利になることもあります。

＊1　『平成22年版改正税法のすべて』198-199頁（大蔵財務協会）。

事業譲渡損が発生するのが子会社なのに、事業譲渡先の親会社に引き継ぐ繰越欠損金が増えるというのは、ちょっと不思議だわ。

マヤ

4 おわりに

　このように、子会社の繰越欠損金を利用するといっても、吸収合併と第2会社方式では大きな違いが生じることがわかると思います。この違いは、それぞれの案件によって異なるため、数値を当てはめて、有利不利判定を行う必要があります。

　なお、実務上、不動産が多額にある場合には、第2会社方式を選択したことによる不動産取得税、登録免許税の負担が多額になってしまうことがあるため、このような場合には、吸収合併を選択せざるを得ないという点に注意しましょう。

第1章第11節で解説したように、TPR事件では、子会社から新会社に事業を譲渡した後に、子会社を被合併法人とし、親会社を合併法人とする適格合併により繰越欠損金を引き継いだ事案に対して、包括的租税回避防止規定が適用されました。

これに対し、ユウタの言うように、池田社長の子会社はリゾート開発に失敗した会社であることから、単なる不動産を保有しているだけのペーパー会社の可能性があります（なお、完全支配関係が成立していることを前提にしています）。

このような場合に、適格合併または第2会社方式により子会社の繰越欠損金を利用することが租税回避に該当するのでしょうか。さらに、親会社ではなく、兄弟会社に適格合併により繰越欠損金を引き継いだ場合には、どのようになるのでしょうか。考えてみましょう。

第**3**節

この際だからもらっておこう

役員退職慰労金の利用

ユウタ

今度、村上運輸が村上不動産と合併することになっていたよね。どこから聞きつけたのか知らないけれど、村上社長が役員退職慰労金をもらえないかと言ってきたよ。でも、両方とも、村上社長が兼任していたよね。そんなことは可能なんだろうか？

法律的には、雇用契約とは違って、委任契約が合併法人に引き継がれることはないから、そのタイミングで役員退職慰労金を支払うことはできると思うけどな。

コウジ

マヤ

確かに、コウジの言うことはわかるけれど、租税法って、実質を重視するところがあるじゃない。どこかの通達でしっかりと記載されているのなら安心できるんだけど。

皆さんは、役員退職慰労金を意識したことはありますか？　中小企業では、功績倍率法により役員退職慰労金を計算することが一般的です。

そして、オーナー社長の勤続年数が長く、オーナー社長に対する役員退職慰労金が多額になることが多いので、被合併法人の最後事業年度の所得だけでは使いきれないケースが少なくありません。

さらに、役員退職慰労金を支払う前に、すでに被合併法人に繰越欠損金がある場合には、役員退職慰労金の支給により、繰越欠損金が増加します。合併により、当該増加した繰越欠損金を合併法人に引き継ぐことができれば、合併法人では、多額の節税効果を期待することができます。

サトウ先生

❶ 役員退職慰労金の取扱い

（1）役　員

　被合併法人が役員退職慰労金を支払った場合には、退職金を受け取った役員で退職所得が発生します。退職所得の計算は以下のとおりです。なお、勤続年数が5年以下である場合には、下記の2分の1を乗じる措置が適用されません。

【退職所得の金額（所法30）】

　退職所得の金額＝（退職金の金額－退職所得控除）$\times \dfrac{1}{2}$

　退職所得控除

　　⇒勤続年数が20年以下の場合：勤続年数×40万円

　　　勤続年数が20年超の場合：800万円＋（勤続年数－20年）

　　　　　　　　　　　　　　　×70万円

　また、退職所得に係る最高税率は50％を超えるものの、上記のように、**退職所得控除を控除した金額に2分の1を乗じた金額**が課税所得となるため、給与所得等に比べて実効税率は小さくなります。

（2）被合併法人

　吸収合併により被合併法人が解散した場合には、被合併法人と役員との委任契約が解除されるため、役員退職慰労金を支払うことがあります。この点につき、法人税基本通達9-2-33では、被合併法人が退職給与として支給すべき金額を合理的に計算し、**合併の日の前日の属する事業年度**において未払金として損金経理したときは、これを認めることとされています。

　さらに、同9-2-34では、**被合併法人の役員と合併法人の役員を兼ねている者**または**被合併法人の役員から合併法人の役員となった者**に対し、合併により支給する退職給与について同様に取り扱うこととしています。

　このように、吸収合併のタイミングで役員退職慰労金を支払うことで、法人税の節税を行うことができます。

サトウ先生

法人税法上、役員退職慰労金のうち、不相当に高額なものについて
は、損金の額に算入することができません（法法34②）。そして、
過大役員退職慰労金として否認を受けないための適正な役員退職慰
労金の金額については、功績倍率法により計算しているケースがほ
とんどです。功績倍率法による計算式は以下のとおりです。

【功績倍率法】

役員退職慰労金の適正額

＝最終報酬月額×勤続年数（1年未満切上）×功績倍率＋功労加算金

オーナー社長の勤続年数が長いことから、役員退職慰労金の金額が
多額になる事案は少なくありません。

2　繰越欠損金の引継ぎ

　一般的に、オーナー社長に対する役員退職慰労金が多額になるこ
とが多いので、**被合併法人の最後事業年度の所得だけでは使いきれ
ず**、繰越欠損金として残ることがほとんどです。

　第1章第5節で解説したように、適格合併に該当する場合にお
いて、支配関係が生じてから5年を経過しているときは、繰越欠
損金を引き継ぐことができます[*1]。

　実務上は、もともとの繰越欠損金の金額よりも、役員退職慰労金
の金額のほうが大きい場合もあるため、一応は検討しておく必要が
あるでしょう。

*1　支配関係が生じてか
ら5年を経過していない場
合であっても、役員退職慰
労金から構成された繰越欠
損金は、特定資産譲渡等損
失相当額に該当しないこと
から、合併法人に引き継ぐ
ことはできます。しかし、
そのような場合には、被合
併法人における勤続年数が
短いため、それほど多額の
金額にならないことが多い
と思われます。

3　子会社と合併してから解散する場合

　村上社長の案件とは異なりますが、最近のご相談として、会社を
解散する前に合併をしたいという話も少なくありません。もともと、
事業を廃止するつもりで解散を予定しているのですが、合併法人が
保有している資産の含み益と被合併法人の繰越欠損金や役員退職慰
労金を相殺したいと考えているからです。

　この場合には、税制適格要件を満たすかどうかが問題となります。
この点については、第1章第4節で解説したように、同一の者に

よる完全支配関係がある場合において、完全支配関係内の合併に該当するためには、合併後も完全支配関係が継続することが要求されていますが（法令4の3②二）、当事者間の完全支配関係がある場合には、完全支配関係の継続は要求されず、**合併の直前の完全支配関係のみ**で税制適格要件の判定を行います（法令4の3②一）。

なお、オーナー会社では、合併の直前に、オーナーによる完全支配関係だけでなく、当事者間の完全支配関係も成立している事案も少なくありません。このような事案では、合併後に、合併法人が解散することから、同一の者による完全支配関係を満たすことができませんが、当事者間の完全支配関係は満たすことができます。このような場合には、当事者間の完全支配関係があるものとして税制適格要件の判定を行うため、完全支配関係内の適格合併として処理することができます[2]。

＊2　国税庁ＨＰ質疑応答事例「合併法人と被合併法人との間に『当事者間の完全支配関係』と『法人相互の完全支配関係』のいずれにも該当する関係がある場合の適格判定について」参照。

【オーナー会社の合併、清算】

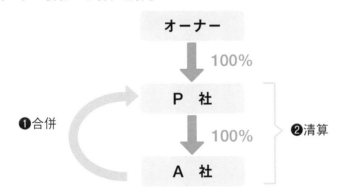

そして、**子会社において役員退職慰労金を支給する**ことにより、繰越欠損金を増加させ、子会社を吸収合併することにより、**増加した繰越欠損金を親会社に引き継ぐ**ことができます。その結果、親会社で生じる利益と当該増加した繰越欠損金とを相殺することができます。

さらに、親会社が解散するのであれば、当該**親会社でも役員退職慰労金を支給する**ことも考えられます。この場合には、代表取締役の多くが、解散の日の翌日以降に清算人になるため、役員退職慰労金を解散の日の属する事業年度において損金の額に算入することが

できるかが問題となります。この点については、国税庁 HP 質疑応答事例「解散後引き続き役員として清算事務に従事する者に支給する退職給与」において、法人税法上も退職給与として取り扱うことが明らかにされていることから、特段の問題はないと考えられます。

このように、合併後に解散することにより、親会社において生じる譲渡益と、①子会社の繰越欠損金、②子会社から支払われる役員退職慰労金、③親会社から支払われる役員退職慰労金とを相殺することが可能になります。

役員退職慰労金と資産の含み益を相殺できるのは面白いね。

コウジ

④ 兄弟会社と合併してから解散する場合

しかし、兄弟会社と合併してから解散する場合、たとえば、同一の個人が A 社と B 社の発行済株式のすべてを直接に保有している場合には、当事者間の完全支配関係が成立しておらず、合併後に同一の者による完全支配関係が継続することが見込まれていないため、非適格合併に該当してしまいます。

このような場合には、資産超過である A 社が債務超過である B 社の発行済株式のすべてを取得してから合併し、その後、解散するという手法が考えられます。なぜなら、完全支配関係は、合併の直前で判定することから、合併の直前に当事者間の完全支配関係が成立していれば、税制適格要件を満たすことができるからです。

そして、第 1 章第 8 節で解説したように、このような資本異動を行ったとしても、支配関係は洗い替えられないため、資本異動を行う前の支配関係が生じてから 5 年が経過していれば、繰越欠損金の引継制限は課されません。

【合併前に合併法人が被合併法人の発行済株式の全部を備忘価額で取得する手法】

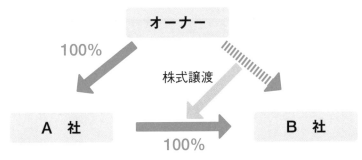

5 おわりに

このように、実務上、役員退職慰労金により合併法人に引き継ぐ繰越欠損金を増加させることができるという点は、大きな論点になることも少なくありません。

もちろん、受け取った役員において、退職所得が発生することから、所得税の負担は生じてしまうため、その税負担とのバランスを考慮する必要があります。

第1章第11節で紹介したTPR事件東京高裁判決では、組織再編税制は、事業単位の移転と事業の継続を想定していることから、完全支配関係内の適格合併においても、従業者従事要件、事業継続要件といった具体的な要件が付加されていないだけであって、本来であれば、事業単位の移転と事業の継続が必要であるとしたうえで、事業単位の移転と事業の継続があると認められない場合には、組織再編税制の制度趣旨に反すると判示しています。

これに対し、合併後に清算する場合には、事業が継続しないことから制度趣旨に反するといえなくもありません。このような場合には、租税回避に該当するのでしょうか。考えてみましょう。

第4節 相続税が大変なことに

組織再編による株価対策

マヤ

平成30年度税制改正で事業承継税制が導入されたから、自社株対策も必要ないわよね。

ユウタ

そんなことはないと思うな。この前、サトウ先生のところに相談にきたオーナーは、「後継者は決まっているんだけど、その後継者の子供が後を継いでくれるとは思えないから事業承継税制は使わない」と言っていたよ。

コウジ

確かに、そのパターンはあるかもね。この前、調べてみたけれど、すべての事案で事業承継税制が使えるとは限らないよね。もちろん、マヤの言うように、事業承継税制を使うだけの事案も増えるだろうけど、自社株対策が必要な事案も残っていくんじゃないかな。

マヤの言うように、事業承継税制の導入により、自社株対策のニーズは減っています。もちろん、税率の低い部分が納税猶予の対象となるため、非上場株式の評価を引き下げれば、他の相続財産に対する相続税率が引き下げられるというメリットがあります[*1]。さらに、納税猶予が取り消されたことを考えると、非上場株式の評価額が小さいほうが良いのは言うまでもありません。しかし、いずれの対策も、事業承継税制が導入される前のような大掛かりなスキームを選択する要因にはならないため、組織再編を使うほどの事案はそれほど多くはないのかもしれません。

これに対し、ユウタやコウジの言うとおり、事業承継税制が使いにくい事案もあります。そういった事案では、組織再編を使って自社株対策をするというニーズはあるかもしれません。

*1 事業承継税制では、納税猶予の対象となる株式のみを相続するものとして計算した場合の贈与税または相続税が納税猶予の対象となるので、累進課税である贈与税および相続税の体系上、納税猶予の対象となる株式に対する税率は低めになり、それ以外の財産に対する税率は高めになります。

サトウ先生

1 自社株対策のポイント

　財産評価基本通達では、非上場会社（評価会社）を大会社、中会社および小会社の３つに分類し、以下の方法により評価を行うこととされています（財基通179）。

（ⅰ）大会社

　類似業種比準価額と純資産価額のいずれか低い金額

（ⅱ）中会社

　以下のいずれか低い金額

　　・　類似業種比準価額と純資産価額の併用方式[*2]

　　・　純資産価額方式

（ⅲ）小会社

　以下のいずれか低い金額

　　・　類似業種比準価額と純資産価額の併用方式[*3]

　　・　純資産価額方式

　自社株対策は、以下の３つの観点から行われることがほとんどです[*4]。

　①　会社規模を大きくすることにより、類似業種比準価額の折衷割合を引き上げる

　②　類似業種比準価額を引き下げる

　③　純資産価額を引き下げる

【類似業種比準価額方式の計算】

$$A \times \frac{\dfrac{b}{B} + \dfrac{c}{C} + \dfrac{d}{D}}{3} \times E$$

◆各計算要素

　A：類似業種の株価

　B：課税時期の属する年の類似業種の１株当たりの配当金額

　b：評価会社の１株当たりの配当金額

　C：課税時期の属する年の類似業種の１株当たりの年利益金額

　c：評価会社の１株当たりの利益金額

　D：課税時期の属する年の類似業種の１株当たりの簿価純資産価額

*2　併用方式は、【類似業種比準価額×L＋純資産価額×（1－L）】により計算します。そして、算式中のLの折衷割合は、0.90から0.60の範囲内で定められていますが、規模が大きくなればなるほど、類似業種比準価額の折衷割合が大きくなります。

*3　併用方式は、【類似業種比準価額×0.5＋純資産価額×0.5】により計算します。

*4　土地保有特定会社、株式等保有特定会社に該当している場合において、これらに該当させないようにするための対策というのも考えられますが、本書では詳細な解説は省略します。

d：評価会社の1株当たりの簿価純資産価額

E：大会社の場合には 0.7、中会社の場合には 0.6、小会社の場合には 0.5

2 合 併*5

合併という手法を選択した場合には、**会社規模が大きくなります。**なぜなら、会社規模の判定は単体で計算するため、グループ会社との合併によって総資産価額、取引金額または従業員数が増加した場合には、小会社から中会社、中会社から大会社に引き上げることにより、類似業種比準価額の折衷割合を引き上げることができるからです。また、合併前に中会社であり、合併後も中会社のままであっても、会社規模に応じて、類似業種比準価額の折衷割合が、0.60、0.75、0.90 と引き上げられるため、類似業種比準価額の折衷割合が高まることもあります。

一般的に、類似業種比準価額のほうが純資産価額よりも低い評価になることがほとんどです。そして、利益金額を引き下げることにより、類似業種比準価額を容易に引き下げることができるため、類似業種比準価額の折衷割合の引き上げが相続税評価額の引き下げに繋がることが少なくありません*6。

*5 合併を行った場合において、被合併法人が赤字体質であるときは、合併法人の利益金額が引き下げられますし、被合併法人が債務超過の場合には、合併法人の簿価純資産価額が引き下げられますが、被合併法人を清算しても類似の効果は期待できるので、これらの効果が強調されることはほとんどありません。

*6 合併してから、短期間で課税時期を迎える場合には、類似業種比準方式を採用することはできず、純資産価額方式を採用すべきであるという見解があります。(加藤千博『株式・公社債評価の実務』234-237頁〔大蔵財務協会、2019年〕)。

子会社との合併であっても会社規模が大きくなるのは違和感があるけど、通達がそうなっているから、仕方がないよね。

ユウタ

3 分社型分割*7

類似業種比準方式における評価の特徴として、連結グループ全体で評価を行うのではなく、評価会社単体の配当金額、利益金額、簿価純資産価額の3要素で判定するという点に特徴があります。

そのため、子会社に対して、適格分社型分割により、高収益部門

*7 事業譲渡や分割により株価が高くなる前に、高収益部門を後継者に移管するという手法も考えられます。

を移転させることによって、**利益金額を引き下げる**ことができます。
具体的には、下図をご参照ください。

【適格分社型分割による相続税評価の引き下げ】

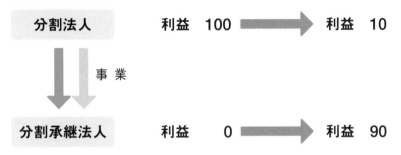

上図のケースでは、分割法人における利益金額が10分の1に減
少していることから、分割後も業種に変更が生じない前提であれば、
類似業種比準価額を3割引き下げることが可能になります（3/10
＝ 9/10 × 1/3）。

なお、この手法を用いる際には、①分割法人が株式等保有特定会
社*8にならないようにすることと、②分割法人の会社規模が小さく
なってしまい、大会社から中会社または小会社に規模が縮小してし
まわないようにすることに、それぞれ注意しましょう。

*8　株式等保有特定会社
とは、評価会社の総資産価
額（相続税評価額）に占め
る株式、出資および新株予
約権付社債の価額の合計
額（相続税評価額）の割合が
50％以上である会社をい
います（財基通189(2)）。
　株式等保有特定会社に該
当した場合には、類似業種
比準方式を採用すること
ができず、純資産価額方式
により計算します（財基通
189-3)。
　ただし、納税義務者の選
択により、S1＋S2方式も
認められています。この場
合におけるS1、S2の定義
は以下のとおりです。
S1：株式等保有特定会
　　社が保有する株式等
　　とその株式等の受取
　　配当がないものとし
　　て計算した場合のそ
　　の会社の原則的評価
　　方式による評価額
S2：株式等保有特定会
　　社が保有する株式等
　　のみをその会社が有
　　する資産であるもの
　　とした場合の1株当た
　　りの純資産価額

4　株式交換

オーナー会社では、オーナーが直接出資をすることにより、複数
の法人を保有していることが少なくありません。

そのような場合には、株式交換を利用した相続税対策として、兄
弟会社を子会社にすることで、相続税評価額を引き下げるという手
法が用いられることがあります。

【株式交換】

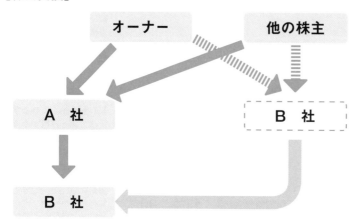

　事業承継対策の一環として株式交換が行われる場合には、**相続税評価額の低い会社（A社）の下に相続税評価額の高い会社（B社）をぶら下げる**ことにより、全体の相続税評価額を引き下げることがほとんどです。

　たとえば、相続税評価額が3億円である会社を株式交換完全親法人とし、相続税評価額が10億円である会社を株式交換完全子法人とする株式交換を行った場合には、株式交換後における株式交換完全親法人株式の類似業種比準価額の計算において、配当金額、利益金額および簿価純資産価額のうち、簿価純資産価額のみが引き上げられます。

　このように、株式交換完全子法人株式を直接保有しなくなることにより、相続税評価額の計算対象から除外するとともに、株式交換完全親法人の類似業種比準価額を計算する3要素のうち2つが増加しないことから、全体的な相続税評価額を引き下げることが可能になります。

サトウ先生

株式交換を行った場合には、以下の仕訳を行うことから、株式交換完全親法人における簿価純資産価額は増加します。

【株式交換完全親法人の仕訳】

(子会社株式)　　　　　×××　　(資本金等の額)　　　　　×××

　第1章第10節で解説したように、株式交換完全子法人の株主数が50人未満である場合には、株式交換完全子法人の株主における株式交換完全子法人株式の帳簿価額に相当する金額が株式交換完全親法人における簿価純資産価額の増加額となります（法令8①十、119①十イ）。

　一般的には、株式交換完全子法人の株主における株式交換完全子法人株式の帳簿価額が小さいことから、株式交換完全親法人の簿価純資産価額はそれほど大きくは増加しません。その結果、相続税評価額が3億円である会社を株式交換完全親法人とし、相続税評価額が10億円である会社を株式交換完全子法人とする株式交換を行ったとしても、株式交換後における株式交換完全親法人株式の相続税評価額は3億円からそれほど大きく増加しません。

　このように、株式交換を行った結果として、合計13億円であった相続税評価額が3億円まで減額されてしまいます。

　また、株式交換完全親法人が大会社ではなく、中会社、小会社である場合も考えられますが、それでもなお、純資産価額方式のみで評価が行われるわけではなく、類似業種比準価額との折衷方式により評価されるため、株式交換を行うことにより、全体の相続税評価額を引き下げることができます[9]。

　ただし、この手法を行う際には、株式交換完全親法人が株式交換完全子法人株式を取得することから、株式等保有特定会社にならないよう注意しましょう。

*9　株式交換完全親法人が中会社、小会社である場合には、株式交換完全子法人における純資産価額の計算上、「評価差額に対する法人税等に相当する金額」を相続税評価額から控除することができないという点と（財基通186-3（注））、株式交換完全親法人における純資産価額の計算上、株式交換時点における株式交換完全子法人株式の含み益の37％に相当する金額を「評価差額に対する法人税等に相当する金額」として処理することができないという点に注意しましょう（財基通186-2(2)）。

5　株式移転

（1）純資産価額方式による評価額

　株式移転を行った場合には、株式移転完全親法人株式の純資産価額方式による評価額の計算上、株式移転完全子法人の利益蓄積による株価上昇が株式移転完全子法人株式の含み益となりますが、当該

含み益の 37％を「**評価差額に対する法人税等に相当する金額**」と
して相続税評価額から控除することができます。

　ただし、株式移転完全子法人の純資産価額方式の計算では、「評
価差額に対する法人税等に相当する金額」を相続税評価額から控除
することができないという点と（財基通 186-3（注））、株式移転完
全親法人の純資産価額方式の計算では、株式移転時点における株式
移転完全子法人株式の含み益の 37％に相当する金額を「評価差額
に対する法人税等に相当する金額」として処理することができない
という点に注意しましょう（財基通 186-2（2））。

＊10 開業後 3 年未満の会
社に該当した場合には、類
似業種比準方式を採用する
ことができず、純資産価額
方式により計算します（財
基通189-4）。

【株式移転を利用した相続税対策】

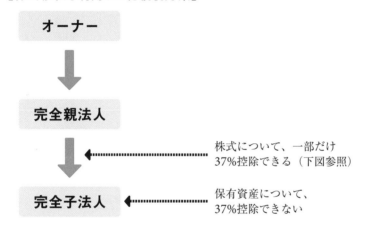

【株式移転完全子法人株式の評価に対する効果】

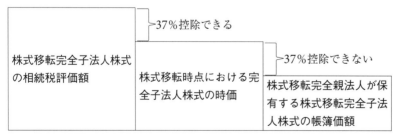

（2）類似業種比準方式または折衷方式による評価額

　株式移転完全親法人が株式等保有特定会社および開業後 3 年未
満の会社＊10 に該当しなくなり、かつ、大会社に該当する場合には、

160

類似業種比準価額により、株式移転完全親法人株式の相続税評価額を計算することができます。

そして、第 1 章第 10 節で解説したように、株式移転が適格株式移転に該当する場合において、株式移転完全子法人の株主が 50 人未満であるときは、株式移転完全子法人の株主における株式移転完全子法人株式の帳簿価額に相当する金額が株式移転直後の株式移転完全親法人の簿価純資産価額となります(法令 8①十一、119①十二イ)。

その結果、株式移転完全子法人の簿価純資産価額よりも、株式移転完全親法人の簿価純資産価額のほうが小さくなることにより、株式移転前の株式移転完全子法人株式の類似業種比準価額よりも、株式移転後の株式移転完全親法人株式の類似業種比準価額のほうが小さくなることが一般的です。

コウジ

理屈はわかったけど、株式交換と違って、株式移転完全親法人には事業がないから、類似業種比準価額で計算するためには、株式移転完全子法人の事業の一部を株式移転完全親法人に移転させる必要があるね。

6 株式移転＋分割型分割

コウジの言うように、株式移転完全親法人には事業がないことから、株式移転完全子法人の事業の一部を株式移転完全親法人に移転させる必要があります。そして、❸「分社型分割」で解説したように、適格分社型分割を行った場合には、分割法人である親会社の利益金額を引き下げるという効果が期待できますが、他の 2 要素を分社型分割のみで引き下げることはできません。

そのため、これら 2 つの問題を解決するための手法として、株式移転を行った後に、株式移転完全親法人を分割承継法人とし、株式移転完全子法人を分割法人とする適格分割型分割を行うことにより、株式移転完全親法人（分割承継法人）の利益金額および簿価純資産価額を引き下げるという手法が考えられます。

【株式移転＋適格分割型分割】

● 実行前　　　　　　　● ステップ 1：株式移転

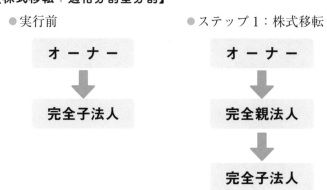

● ステップ 2：分割型分割

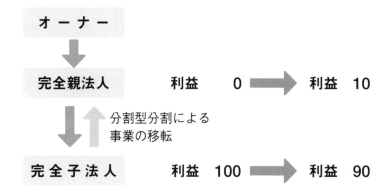

　前述のように、株式移転完全子法人の株主が 50 人未満である場合には、当該株主における株式移転完全子法人株式の帳簿価額に相当する金額が株式移転の直後における株式移転完全親法人の簿価純資産価額になることから、株式移転完全親法人の簿価純資産価額は株式移転完全子法人の簿価純資産価額よりも小さくなることが一般的です。そのため、その後の分割型分割により分割承継法人（株式移転完全親法人）の簿価純資産価額が引き上げられたとしても、株式移転前における株式移転完全子法人の簿価純資産価額よりも小さい金額にすることができます。具体的には、以下の事例をご参照ください。

【株式移転＋分割型分割による相続税評価額】

イ．前提条件

〈株式移転前における評価会社の状況〉

会社規模	大会社
従業員数	500人
株主数	1名
簿価ベースの総資産	50,000百万円
簿価ベースの総負債	30,000百万円
簿価純資産価額	20,000百万円
資本金等の額	10百万円
株主における株式の帳簿価額	10百万円
利益金額	1,000百万円

〈分割型分割により移転する資産、負債および損益の状況〉

従業員数	300人
簿価ベースの移転資産	30,000百万円
簿価ベースの移転負債	28,000百万円
簿価純資産価額	2,000百万円
利益金額	100百万円

ロ．株式移転における仕訳

【株式移転完全親法人（分割承継法人）の仕訳】

　（完全子法人株式）　　　10百万円　（資本金等の額）　　　10百万円

【株式移転完全子法人（分割法人）の仕訳】

　仕訳なし

ハ．分割型分割における仕訳

【株式移転完全親法人（分割承継法人）の仕訳[11]】

　（諸　資　産）30,000百万円　（諸　負　債）28,000百万円

　　　　　　　　　　　　　　　（資本金等の額）　　1百万円

　　　　　　　　　　　　　　　（利益積立金額）　1,999百万円

　（資本金等の額）　　1百万円　（完全子法人株式）　　1百万円

＊11　減少する株式移転完全子法人株式（分割法人株式）の帳簿価額（法法61の2④、法令119①六）
＝分割法人株式の帳簿価額×移転簿価純資産価額÷全体の簿価純資産価額
＝10百万円×2,000百万円÷20,000百万円
＝1百万円
　なお、本来であれば、分母の20,000百万円は前期末の簿価純資産価額を基礎に計算し、分子の2,000百万円は移転時の簿価純資産価額を基礎に計算すべきですが、単純化のために、両者の算定時期を一致させています。

163

【株式移転完全子法人（分割法人）の仕訳】

（諸　負　債）	28,000百万円	（諸　資　産）	30,000百万円
（資本金等の額）	1百万円		
（利益積立金額）	1,999百万円		

　このように、分割型分割後における株式移転完全親法人（分割承継法人）の簿価純資産価額は 2,009 百万円（= 10 百万円 + 2,000 百万円 − 1 百万円）となるため、簿価純資産価額を約 10 分の 1 に下落させることができます。

7　おわりに

　このように、組織再編を利用して相続税評価額を引き下げることができるため、事業承継税制を利用することができない場合には、組織再編の利用を検討する必要があります。

　ただし、あまりに極端なスキームに対しては、財産評価基本通達6 項が適用され、同通達に基づかない評価方法により否認を受ける可能性もあります。

> **チャレンジ！**
>
> 持株会社が債務超過になる場合であっても、当該持株会社が保有している非上場株式に対して類似業種比準方式または折衷方式を適用することができます。具体的には、以下の事例をご参照ください。

〈持株会社の貸借対照表〉　　　　　　　　　　（単位：百万円）

	税務簿価	時　価		税務簿価	時　価
資　産	0	0	負　債	15,000	15,000
子会社株式	20,000	10,000	純資産	5,000	△5,000
合　計	20,000	10,000	合　計	20,000	10,000

〈子会社の貸借対照表〉　　　　　　　　　　（単位：百万円）

	税務簿価	時　価		税務簿価	時　価
資　産	30,000	30,000	負　債	10,000	10,000
			純資産	20,000	20,000
合　計	30,000	30,000	合　計	30,000	30,000

　上記のように、子会社の簿価純資産価額が20,000百万円であるにもかかわらず、類似業種比準価額が10,000百万円であることから、持株会社の相続税評価額は0円になります。これに対し、持株会社と子会社が合併したと仮定すると、貸借対照表は以下のようになります。

〈合併したと仮定した場合の貸借対照表〉　　　（単位：百万円）

	税務簿価	時　価		税務簿価	時　価
資産	30,000	30,000	負債	25,000	25,000
			純資産	5,000	5,000
合計	30,000	30,000	合計	30,000	30,000

　このように、純資産価額方式であれば5,000百万円の相続税評価額になるでしょうし、類似業種比準方式であったとしても、それなりの相続税評価額になることは予想できます。すなわち、類似業種比準価額は純資産価額より安く評価される傾向にあるところ、持株会社にある借入金（15,000百万円）に対して純資産価額方式が適用され、子会社にある資産に対して類似業種比準方式が適用された結果、持株会社の相続税評価額が極端に安くなったということがいえます。

　それでは、❻「株式移転＋分割型分割」で解説した手法において、債務超過の分割型分割を行い、持株会社を債務超過にした場合には、租税回避に該当するのでしょうか。考えてみましょう。

別々だと面倒だ

組織再編税制と事業承継税制

コウジ

> そういえば、上野社長が分割型分割を行って不動産会社を2つ設立したいって言っていたよね（第1章第13節参照）。上野建設は事業承継税制が適用できるだろうけど、不動産会社は事業承継税制が適用できないんじゃないかな？

マヤ

> たしか、資産保有型会社に該当する場合には、事業承継税制が適用できなかった気がするよ。そういえば、サトウ先生のところに、組織再編をやった後に事業承継税制を適用したいという相談が増えているらしいね。一体どんな相談なんだろうね。

ユウタ

> たぶん、上野社長とは逆のケースで資産保有型会社を吸収合併したいという話じゃないかな。別々だと課税されてしまうけど、一つにまとめてしまえば事業承継税制が適用できると思うんだ。

三人とも、事業承継税制も意識するようになりましたね。組織再編の仕事をしていると、親族内承継と親族外承継（M&A）のいずれかに主軸を置くようになります。事業承継やM&Aが目的であるとすると、組織再編はそのための道具に過ぎません。したがって、税理士としてビジネスをしていくためには、目的である事業承継やM&Aを意識せざるを得ません。

本章第6節でも解説しますが、事業承継コンサルの主軸は、相続税対策から遺産分割に移りつつあります。たとえ相続税が増えたとしても、遺産分割を円滑に進めるためには、上野社長の決断は一つの選択肢かと思います。

サトウ先生

1 平成30年度税制改正

平成 30 年度税制改正では、円滑な事業承継が行えるよう「非上場株式等に係る贈与税・相続税の納税猶予の特例制度」が設けられました。平成 30 年度税制改正の最も重要なポイントは、取得したすべての非上場株式に係る課税価格に対応する贈与税または相続税の全額に対して納税猶予の対象にしたということです[*1]。

したがって、今後の事業承継対策では、**①事業承継税制が適用できるかどうか、②納税猶予額を支払うべき事由に該当していないかどうか**、という点を判断することが重要になります。

なお、平成 30 年度税制改正で導入された事業承継税制と税制改正前の旧事業承継税制は、当面の間、併存します。新しい事業承継税制が、2018 年 4 月 1 日から 2023 年 3 月 31 日までの間に特例承継計画を都道府県に提出し、都道府県知事の確認を受けた会社に限定されていることから、今後の税制改正でどのような動きがあるのか注目されます[*2]。

[*1] 従来の事業承継税制では、発行済株式総数の3分の2までの部分に対して、相続税に対する80％の納税猶予を認めていたため、仮に発行済株式のすべてを後継者に承継させた場合には、約50％程度（＝80％×2／3）しか納税猶予の対象になりませんでした。これに対し、新しい事業承継税制では、取得したすべての非上場株式に対する贈与税または相続税の全額が納税猶予の対象になりました。

[*2] やや応用論点ですが、納税猶予の対象となる非上場会社が、外国会社の株式や医療法人の出資を有している場合には、その部分の金額を除外して納税猶予税額を算定する必要があります（措法70の7の5②ハイ、70の7の6②ハ、措令40の8の5⑮、40の8の6⑮）。

2 制度の概要

事業承継税制は、贈与税の納税猶予制度と相続税の納税猶予制度の 2 つに分かれています。いきなり相続税の納税猶予制度を利用することもできますが、生前贈与を行った時点で贈与税の納税猶予制度を利用したうえで、相続開始の時点で相続税の納税猶予制度に切り替えることもできます。

つまり、先代経営者が死亡したことにより、贈与税が免除されますが（措法 70 の 7 の 6 ⑪、措令 40 の 8 の 2 ㉘）、非上場株式を相続により取得したものとみなされるため、原則として、相続税の課税対象になります（措置法 70 の 7 の 7 ③）。そのため、この時点で、相続税の納税猶予制度を利用することが認められています（措法 70 の 7 の 8）。

3　非上場株式等についての贈与税の納税猶予の特例制度

（1）制度の概要

　贈与税の納税猶予の特例制度では、**特例経営承継受贈者（後継者）**[*3]が、**特例贈与者（先代経営者等）**[*4]から贈与によりその会社の株式等を取得し、その会社を経営していく場合において、その特例経営承継受贈者が納付すべき贈与税額のうち、贈与により取得した議決権株式等に係る贈与税の納税を猶予することが認められています（措法70の7の5）。ただし、この制度の適用を受けるためには、**中小企業における経営の承継の円滑化に関する法律12条1項の認定**を受けることが必要になります。

　また、この制度は、贈与税額の「猶予」であって、「免除」ではないことから、後述するように、一定の事由に該当した場合には、猶予されていた贈与税および利子税の納税が必要となります。

[*3]　特例経営承継受贈者（後継者）とは、特例贈与者（先代経営者等）から贈与により特例認定贈与承継会社の非上場株式等の取得をした個人で、一定の要件を満たす者（その者が2人または3人である場合には、当該特例認定贈与承継会社が定めた2人または3人までに限る。）をいいます（措法70の7の5②六）。

[*4]　先代経営者とは、贈与の時前において、特例認定贈与承継会社の代表権（制限が加えられた代表権を除く）を有していた個人で、一定の要件を満たすものをいいます（措令40の8の5①一）。

（2）適用対象会社

　贈与税納税猶予の特例制度の適用を受けられる会社を「特例認定贈与承継会社」といい、以下の3つの要件を満たす必要があります。

① 中小企業者の要件（円滑化法2、円滑化令）

　資本金または従業員数の**いずれか**について下記の要件を満たす必要があります。

〈円滑化法〉

業　種	資本金	従業員数
製造業・建設業・運輸業・その他	3億円以下	300人以下
卸売業	1億円以下	100人以下
サービス業	5,000万円以下	100人以下
小売業	5,000万円以下	50人以下

〈政令により拡大した業種〉

業　種	資本金	従業員数
ゴム製品製造業	3億円以下	900人以下
ソフトウェア業情報処理サービス業	3億円以下	300人以下
旅館業	5,000万円以下	200人以下

② 税制上の要件（措法 70 の 7 の 5 ②一、措令 40 の 8 の 5 ⑨）

下記のすべての要件を満たす必要があります*5。

イ．当該会社の**常時使用従業員**の数が**1 人以上**であること

ロ．当該会社が、**資産保有型会社**または**資産運用型会社**に該当しないこと

ハ．当該会社の株式等および特定特別関係会社の株式等が、非上場株式等に該当すること

ニ．当該会社および特定特別関係会社が、風俗営業会社に該当しないこと

ホ．当該会社の特別関係会社が外国会社に該当する場合にあっては、当該会社の常時使用従業員の数が 5 人以上であること

ヘ．贈与の日の属する事業年度の直前の事業年度（当該贈与の日が当該贈与の日の属する事業年度の末日である場合には、当該贈与の日の属する事業年度および当該事業年度の直前の事業年度）における総収入金額が、零を超えること

ト．特例経営承継受贈者以外の者が黄金株を有していないこと

チ．当該会社および特定特別関係会社が、中小企業における経営の承継の円滑化に関する法律 2 条に規定する中小企業者に該当すること

> 資産保有型会社、資産運用型会社に該当しないことがポイントになりそうだね。

マヤ

③ 資産保有型会社および資産運用型会社

（ⅰ）資産保有型会社

資産保有型会社とは、**総資産に占める不動産や金融資産の割合が大きい会社**をいいます。具体的には、贈与の日の属する事業年度の直前の事業年度の開始の日から納税の猶予に係る期限が確定する日までの期間内のいずれかの日において、次のイおよびハに掲げる金額の合計額に対する、ロおよびハに掲げる金額の合計額の割合が「100 分の 70」以上となる会社をいいます（措法 70 の 7 の 5 ②三、

＊5　贈与前3年以内に特例経営承継受贈者（同族関係者を含む。）から現物出資または贈与により取得した資産合計額の総資産に占める割合が70％以上である場合には、本特例を適用することはできません（措法70の7の5㉔、70の7㉙）。この点については、本章第6節で解説を行います。

70 の 7 の 6 ②三、70 の 7 ②八）。なお、下記における帳簿価額とは、税務上の帳簿価額ではなく、**会計上の帳簿価額**を意味します。

　イ．その日における当該会社の総資産の貸借対照表に計上されている帳簿価額の総額

　ロ．その日における当該会社の特定資産の貸借対照表に計上されている帳簿価額の合計額

　　　なお、特定資産とは、以下に掲げるものをいいます（措規 23 の 9 ⑭、円滑化規 1 ⑫二）。

　　・　有価証券および有価証券とみなされる権利（ただし、当該会社の特別子会社が資産保有型子会社または資産運用型子会社に該当しない場合には、当該特別子会社の株式は除外します）

　　・　遊休不動産、賃貸不動産および販売用不動産

　　・　ゴルフ場その他の施設の利用に関する権利

　　・　絵画、彫刻、工芸品その他の有形の文化的所産である動産、貴金属および宝石

　　・　現金、預貯金その他これらに類する資産（特例経営承継受贈者および同族関係者に対する貸付金、未収金その他これらに類する資産を含みます。）

　ハ．その日以前 5 年以内において、特例経営承継受贈者および同族関係者が当該会社から受けた剰余金の配当等の額と過大役員給与等の合計額

（ⅱ）資産運用型会社

　資産運用型会社とは、**総収入に占める不動産や金融資産からの収入の割合が大きい会社**をいいます。具体的には、贈与の日の属する事業年度の直前の事業年度の開始の日から納税の猶予に係る期限が確定する日までに終了する事業年度の末日までの期間内のいずれかの事業年度における総収入金額に占める特定資産の運用収入の合計額の割合が 100 分の 75 以上となる会社をいいます（措法 70 の 7 の 5 ②四、70 の 7 の 6 ②四、70 の 7 ②九）。

（ⅲ）例外規定

　資産保有型会社または資産運用型会社に該当したとしても、次に

掲げる要件のすべてに該当する場合には、納税猶予の適用を受けることができます（措令 40 の 8 の 5 ⑤、40 の 8 の 6 ⑥、40 の 8 ⑥）。

　　イ．当該資産保有型会社等が、贈与の日まで引き続き 3 年以上にわたり、商品の販売その他の業務を行っていること

　　ロ．イの贈与の時において、**親族外従業員の数が 5 人以上**であること

　　ハ．イの贈与の時において、ロの親族外従業員が勤務している事務所、店舗、工場その他これらに類するものを所有し、または賃借していること

コウジ

> 親族外従業員 5 人以上って、コンビニか居酒屋でも経営すれば、簡単に要件を満たせてしまうじゃないか。

④ 経済産業大臣の認定要件（円滑化法 12 ① 一、円滑化規 6 ① 十一）

下記のすべての要件を満たす必要があります。

　　イ．上場会社等または風俗営業会社のいずれにも該当しないこと

　　ロ．資産保有型会社に該当しないこと

　　ハ．資産運用型会社に該当しないこと

　　ニ．総収入金額が零を超えること

　　ホ．常時使用する従業員の数が 1 人以上（中小企業者の特別子会社が外国会社に該当する場合（当該中小企業者または当該中小企業者による支配関係がある法人が当該特別子会社の株式または持分を有する場合に限る。）にあっては 5 人以上）であること

　　ヘ．贈与の時以後において、中小企業者の特定特別子会社が上場会社等、大会社または風俗営業会社のいずれにも該当しないこと

　　ト．後継者が特例経営承継受贈者であること

　　チ．贈与者が保有する株式等を一括贈与（3 分の 2 に達するまでまたは全株）すること

　　リ．特例経営承継受贈者以外の者が黄金株を有していないこと

（3）贈与者が死亡した場合の取扱い

　先代経営者である贈与者が死亡した場合には、猶予されている贈与税は免除されます（措法70の7の5⑪）*6。しかし、生前贈与を受けた非上場株式等は、相続または遺贈により取得したものとみなされて相続税の課税を受けてしまいます。この場合に課される相続税についても、一定の要件を満たした場合には、その課税価格に対応する相続税の全額に対して、相続税の納税猶予の適用を受けることが認められています（措法70の7の8）。

（4）猶予税額の納付（猶予期限の確定）

　以下の事由が生じた場合には、猶予された贈与税および利子税を支払う必要があります（措法70の7の5③、措令40の8の5⑱）。ただし、以下のうち、①〜③、⑭〜⑱については、経営贈与承継期間（5年間）に行われた場合に限り、猶予税額を納付する必要があります。

① 特例経営承継受贈者が代表権を有しないこととなった場合（当該代表権を有しないこととなったことについてやむを得ない理由がある場合を除きます）

② 特例経営承継受贈者および同族関係者の有する議決権の数の合計が当該特例認定贈与承継会社の総株主等議決権数の100分の50以下となった場合

③ 特例経営承継受贈者の同族関係者（他の特例経営承継受贈者を除きます）が、特例経営承継受贈者が有する議決権の数を超える数の議決権を有することとなった場合

④ 特例経営承継受贈者が非上場株式等の一部の譲渡または贈与をした場合

⑤ 特例経営承継受贈者が非上場株式等の全部の譲渡または贈与をした場合

⑥ 吸収分割型分割または金銭等を交付する組織変更を行った場合

⑦ 解散した場合（合併による解散を除きます）

⑧ 資産保有型会社または資産運用型会社のうち政令で定めるものに該当することとなった場合

*6　このほか、以下の場合は、猶予されている贈与税の全額が免除されます（措法70の7の5⑪）。
（ⅰ）贈与者の死亡前に当該特例経営承継受贈者が死亡した場合
（ⅱ）特例経営承継受贈者が納税猶予の対象となった非上場株式を次の後継者へ贈与した場合において、その後継者が贈与税の納税猶予の特例の適用を受ける場合
（ⅲ）その他、法的整理や組織再編が行われた場合のうち、一定の場合

⑨　総収入金額（営業外収益、特別利益を除きます）が零となった
場合

⑩　資本金の額の減少をした場合または準備金の額の減少をした
場合

⑪　特例経営承継受贈者が納税猶予の特例の適用を受けることを
やめる旨を記載した届出書を納税地の所轄税務署長に提出した
場合

⑫　特例認定贈与承継会社が合併により消滅した場合（当該合併
により当該特例認定贈与承継会社に相当するものが存する場合として
財務省令で定める場合を除きます）

⑬　特例認定贈与承継会社が株式交換等により他の会社の株式交
換完全子法人等となった場合（当該株式交換等により当該特例認
定贈与承継会社に相当するものが存する場合として財務省令で定め
る場合を除きます）

⑭　非上場株式等に該当しないこととなった場合

⑮　風俗営業会社に該当することとなった場合

⑯　特例認定贈与承継会社が発行する黄金株を特例経営承継受贈
者以外の者が有することとなったとき

⑰　特例受贈非上場株式等の全部または一部について、議決権を
制限した場合

⑱　贈与者が特例認定贈与承継会社の代表権を有することとなっ
た場合

⑲　都道府県知事への報告を怠った場合、税務署長に継続届出書
を提出しなかった場合

サトウ先生

このように、事業承継税制を適用した後に、組織再編、株式譲渡ま
たは資本等取引を行ってしまうと、納税猶予の期限が確定してしま
う可能性があります。そのため、①事業承継税制を適用した後に組
織再編をするのではなく、組織再編を行ってから事業承継税制を適
用すべきであり、②事業承継税制を適用したら、二次相続も事業承
継税制の適用を検討すべきです。

173

4　非上場株式等についての相続税の納税猶予の特例制度

　相続税の納税猶予の特例制度では、特例経営承継相続人等（後継者）が、非上場会社を経営していた被相続人（先代経営者）から相続または遺贈によりその会社の株式等を取得し、その会社を経営していく場合に、その特例経営承継相続人等が納付すべき相続税額のうち、相続または遺贈により取得した議決権株式等に係る相続税の納税を猶予することが認められています（措法 70 の 7 の 6）。

　なお、この制度は、贈与税の納税猶予制度と同様に、相続税額の「猶予」であって、「免除」ではないことから、たとえば、承継した株式の譲渡を行う場合には、猶予されていた相続税および利子税の納税が必要となります。

　具体的な内容は、特例経営承継相続人等の定義以外は、贈与税の納税猶予制度と大きく変わらないため、詳細については、そちらをご参照ください*7。

*7　相続税における特例経営承継相続人等の定義は、被相続人から相続または遺贈により特例認定承継会社の非上場株式等の取得をした個人で、一定の要件を満たす者（その者が2人または3人以上ある場合には、当該特例認定承継会社が定めた2人または3人までに限る）をいいます（措法70の7の6②七、措規23の12の3⑨）。

5　資産保有型会社または資産運用型会社との合併

　ユウタの言うように、事業承継税制を適用する前に、組織再編を行うという選択肢も考えられます。なぜなら、単独では、資産保有型会社または資産運用型会社になる法人であっても、事業会社と合併することにより、総資産または総売上げに占める特定資産の割合が減少し、**資産保有型会社および資産運用型会社から外れる**ことがあるからです。また、別々に事業承継税制を適用するよりは、一つにまとめたほうがその後の管理がしやすいという利点も挙げられます。

　そう考えると、オーナーが複数の法人を保有している場合には、合併、株式交換または株式移転により、事業承継税制を適用する前に一つにまとめることを検討すべきでしょう。

6 資産保有型会社を株式交換完全親法人とする株式交換

　株式交換を行った場合には、株式交換完全親法人が株式交換完全子法人株式を取得し、対価として株式交換完全親法人株式を交付します。

【株式交換完全親法人の仕訳】

（子 会 社 株 式）	×××	（資　 本　 金）	×××
		（資 本 準 備 金）	×××

　事業承継税制を適用する場合には、受け入れる株式交換完全子法人株式の帳簿価額に注意しましょう。第1章第3節で解説したように、会計上は、株式交換完全子法人の簿価純資産価額（または株式交換完全子法人株式の時価）を基礎に計算します。これに対し、第1章第10節で解説したように、税務上は、株主が50人未満である場合には、株式交換完全子法人の株主における帳簿価額を基礎に計算します（法令119①十イ）。

　そのため、株式交換完全子法人の株主における帳簿価額を合計すると10百万円であり、当該株式交換完全子法人の簿価純資産価額が1,000百万円であるときは、税務上の株式交換子法人株式の取得価額が10百万円となり、会計上の株式交換子法人株式の取得価額が1,000百万円となります。

【会計上の仕訳】

（子 会 社 株 式）	1,000百万円	（資 本 準 備 金）	1,000百万円

【税務上の仕訳】

（子 会 社 株 式）	10百万円	（資本金等の額）	10百万円

〈申告調整〉

I　利益積立金額の計算に関する明細書				
区　分	期首現在利益積立金額	当期の増減		差引翌期首現在利益積立金額
		減	増	
	①	②	③	④
子会社株式			※△990百万円	※△990百万円
資本金等の額			※　990百万円	990百万円

Ⅱ　資本金等の計算に関する明細書				
区　分	期首現在利益積立金額	当期の増減		差引翌期首現在利益積立金額
		減	増	
	①	②	③	④
資本準備金			1,000百万円	1,000百万円
利益積立金額			△990百万円	△990百万円

　これを事業承継税制と組み合わせると、資産保有型会社の判定において、特定資産から**資産保有型子会社または資産運用型子会社に該当しない特別子会社の株式を除外する**ことができます[8]。そして、資産保有型会社の判定は、**会計上の帳簿価額**で行います。

　実務上、税務上の子会社株式の帳簿価額は小さくても、会計上の帳簿価額が大きいことが考えられます。その場合には、総資産が大きく増えながらも、特定資産がそれほど増えないため、結果的に、総資産に占める特定資産の割合が減少し、資産保有型会社から除外できるケースがあります。

＊8　株式交換完全親法人が資産運用型会社にも該当する場合には、特定資産以外からの収入を増やすことにより、資産運用型会社から除外する必要があります。

ユウタ

資産保有型会社や資産運用型会社も、合併や株式交換を利用することで、事業承継税制の対象に含めることができるんだね。

ポイント解説

　事業会社を株式交換完全親法人とし、資産保有型会社を株式交換完全子法人とする株式交換であっても、そもそもの株式交換完全親法人が資産保有型会社に該当しないことから、同様の効果を期待することができます。しかしながら、この場合には、受け入れる株式交換完全子法人株式が資産保有型会社の株式であるため、会計上の受入価額が大きくなった結果、株式交換完全親法人となる事業会社が資産保有型会社になってしまう可能性についても検討が必要になります。

7　おわりに

　このように、事業承継税制を適用する前に、ひと手間を加えることにより、事業承継税制がさらに使いやすくなることがあります。

　そのため、単純に事業承継税制を適用するのではなく、事業承継税制を適用する前に組織再編を行うことも検討すべきでしょう。なお、個人財産を含めたうえで検討すべき事項については、本章第6節で解説します。

サトウ先生

特例経営承継受贈者に該当するためには、当該個人が、当該贈与の日まで引き続き3年以上にわたり当該特例認定贈与承継会社の役員その他の地位を有していることが必要になります。したがって、組織再編を行った結果、新設法人に対して事業承継税制を適用するためには、設立してから3年間の期間が必要になります。そして、事業承継税制は時限立法であることから、組織再編を行う時期によっては、事業承継税制が適用できなくなる可能性があるので注意しましょう。

チャレンジ！

平成31年度税制改正により、個人版事業承継税制も導入されましたが、本節で解説した法人版事業承継税制と異なり、ほとんど利用されていません。それはなぜでしょうか。考えてみましょう。

第**6**節 個人財産を整理しよう

現物出資と事業承継税制

ユウタ

事業承継税制ができたから、自社株対策のニーズが減ったという話があったよね（本章第4節参照）。でも、オーナーが個人的に保有している財産に対しては普通に課税されてしまうから、今度は、そちらを節税してくれという話にならないかな？

確かに、大きな税金がなくなったら、小さな税金も安くしてくれという話にはなりそうね。資産保有型会社や資産運用型会社にならなければ、現物出資や金銭出資で個人財産を移転すれば、事業承継税制が適用できるから、個人から法人への資産の大移動が起きそうね。

マヤ

コウジ

そうとも言えないよ。相続人のすべてが事業を承継するなら良いけど、そうじゃない相続人もいるじゃないか。事業会社に対する相続税がゼロになったら、他の相続人からすれば不公平感が強くなるから、遺産分割で揉めそうな気がするけどな。

本章第4節で解説したように、事業承継税制が導入されたことにより、自社株対策のニーズはかなり小さくなりました。そうなると、ユウタやマヤの言うように、オーナーの個人財産に対する相続税をどのように節税するのかという話になります。なぜなら、一定の制約はあるものの、マヤの言うように、現物出資をしたり、金銭出資をした後に買い取らせたりすれば、事業承継税制の適用対象になるからです。ただし、オーナーにおいて譲渡所得が発生するので、もし、取得費が低い場合には、譲渡所得を発生させてまで相続税の節税をする必要はないということになるでしょう。

これに対し、コウジの指摘は面白い論点です。事業承継コンサルのニーズは、自社株対策から遺産分割へと移っているように思います。

サトウ先生

1　資産保有型会社および資産運用型会社

本章第 5 節で解説したように、資産保有型会社とは、総資産の帳簿価額に占める特定資産の帳簿価額の割合が大きい会社をいい、資産運用型会社とは、総収入に占める不動産や金融資産からの収入の割合が大きい会社をいいます。ただし、資産保有型会社または資産運用型会社に該当したとしても、親族外従業員の数が 5 人以上であるなどの一定の要件を満たした場合には、事業承継税制の適用を受けることができます。

マヤの言うように、オーナーの個人財産を移転する場合には、資産保有型会社および資産運用型会社に該当しないように注意する必要があります。

2　個人財産を移転する場合の留意点

（1）現物出資または贈与における適用除外

資産保有型会社および資産運用型会社に該当しなかったとしても、**贈与または相続前 3 年以内**に特例経営承継受贈者または特例経営承継相続人（同族関係者を含みます）から**現物出資または贈与**により取得した資産合計額の総資産に占める割合が**70％以上**である場合には、事業承継税制の適用を受けることができません（措法 70 の 7 の 5 ㉔、70 の 7 の 6 ㉕、70 の 7 ㉙、70 の 7 の 2 ㉚）。

この制限規定は、個人資産を会社へ移転し、株式等の形に変えて贈与をすることにより納税猶予の適用を受ける行為を防止する観点から設けられています。また、贈与または相続の時において現物出資等資産を有しなくなっている場合であっても、現物出資等資産を有しているものとしてその価額を算定する必要があります。

そのほか、本制限規定を免れたとしても、**贈与税および相続税の負担を不当に減少すると認められる場合**には、同族会社等の行為計算の否認が適用される可能性があります（措法 70 の 7 の 5 ⑩、70 の 7 の 6 ⑪、70 の 7 ⑭、70 の 7 の 2 ⑮）。

現物出資または贈与により取得した資産合計額の総資産に占める割合が70%以上になることなんかほとんどないよね。

マヤ

（2）中小企業の定義

本章第5節で解説したように、事業承継税制の適用を受けるためには中小企業者の要件を満たす必要があります。そして、中小企業者に該当するためには、資本金または従業員数のいずれかについて下記の要件を満たす必要があります。

〈円滑化法〉

業　　種	資本金	従業員数
製造業・建設業・運輸業・その他	3億円以下	300人以下
卸売業	1億円以下	100人以下
サービス業	5,000万円以下	100人以下
小売業	5,000万円以下	50人以下

〈政令により拡大した業種〉

業　　種	資本金	従業員数
ゴム製品製造業	3億円以下	900人以下
ソフトウェア業情報処理サービス業	3億円以下	300人以下
旅館業	5,000万円以下	200人以下

従業員数だけで中小企業者の要件を満たすのであれば問題ありませんが、資本金の額で中小企業者の要件を満たそうとする場合には、現物出資または金銭出資により資本金の額が増加することにより、**中小企業者に該当しなくなるか否か**について検討する必要があるでしょう。

資本金の額が1,000万円のサービス業であれば、資本金の額は4,000万円しか増加させられない。2分の1までなら資本準備金に配分できるから、現物出資または金銭出資で移転できるのは、8,000万円までということだね。

コウジ

3 資産超過会社に対するDES

オーナーから会社に対する金銭債権を DES（デット・エクイティ・スワップ）により株式化することも考えられます。なぜなら、金銭債権の場合には、その券面額が相続税の課税標準になるのに対し（第1章第9節参照）、非上場株式に対しては事業承継税制を適用することができるからです。

なお、第1章第9節では、債務消滅益課税の問題について解説しましたが、資産超過会社の場合には、**券面額と回収可能額が等しい場合**がほとんどであるため、このような問題が生じないことが多いと思われます。

【現物出資の仕訳】

（貸　付　金）	300	（資本金等の額）	300

【混同による消滅】

（借　入　金）	300	（貸　付　金）	300
		（債務消滅益）	0

4 遺産分割

マヤの言うように、個人から法人への財産の大移動は想定されますが、その逆として、法人から個人への財産の大移動も想定されます。コウジの言うように、後継者以外の相続人に対する遺産分割の重要性は高まってくるからです。今までは非上場株式に対する相続税が高いという理由により、他の相続人がそれほど遺留分[*1]を主張してきませんでしたが、その相続税が発生しないということであれば、今後は、それなりの遺産分割を要求してくる可能性が高いでしょう。

一般的に、他の相続人に対しては、非上場株式ではなく、現金預金、不動産または金融資産などを相続させることになると思われます。わかりやすい話としては、今までは被相続人に対する**役員退職慰労金**を相続税の納税資金に充当していましたが、今後は、後継者

*1　一定の法定相続人に対して、民法上、認められている最低限の遺産取得分のことをいいます。民法上、遺言書がある場合であっても、法定相続人に対して、遺留分に相当する遺産分割を受ける権利が与えられています（民法1028）。

以外の相続人に対する相続財産として取り扱う事案が増えてくると見込まれます。役員退職慰労金だけでは足りない場合には、何かしらの形で法人から被相続人に財産を移転したうえで、他の相続人への相続財産として準備をする必要があるでしょう。

このように、今後の事業承継コンサルティングは、相続税対策ではなく、遺産分割対策が中心になっていくと思われます。

ユウタ

> 被相続人の気持ちはともかくとして、事業を継がない相続人にとっては、5億円の不動産や不動産会社を相続するくらいなら、1億円の預金を相続したいと思うだろうね。不動産の処分は大変だし、利害関係も多そうだ。
> そうなると、まずは役員退職慰労金や保険商品で遺産分割に対応するのが良いのかもね。

5 分割型分割を利用した遺産分割

さらに、第1章第13節で解説したように、分割型分割によって、**分割承継法人に対して不動産賃貸業や金融商品を移転させる**ことにより、分割法人は事業を承継する相続人に、分割承継法人は事業を承継しない相続人に分けるということも考えられます。

しかし、このような手法は、分割承継法人が小会社に変わってしまうことから、折衷方式を採用したとしても純資産価額方式の折衷割合が高くなることが考えられます。一般的には、類似業種比準方式のほうが低い株価となることが多く、株価を引き下げる対策もや

りやすいため、相続税対策という観点からは不利になることが一般的です。

　さらに、事業承継税制の問題もあります。なぜなら、事業を承継しない相続人が相続した分割承継法人株式が資産保有型会社または資産運用型会社に該当し、当該特例の適用を受けることができない可能性が高いからです。

　このように、今後の事業承継対策では、相続税を引き下げるという目的と遺産分割を円滑に行うという目的が、真逆のベクトルになる可能性が高いことから、バランスの保たれたストラクチャーを検討していく必要があります。

6　おわりに

　このように、非上場株式に対する贈与税および相続税に対する大幅な納税猶予が導入されたことにより、事業承継コンサルティングの目的は大きく変わっていくと思われます。

　事業承継コンサルティングを行うためには、租税法だけでなく、民法その他の幅広い知識が必要になります。

チャレンジ!

コウジの言うように、資本金の額で中小企業者に該当させるためには、移転する個人資産に限界があるように思えます。

それでは、オーナーから会社に対する10億円の金銭債権をDESする場合には、どのようにしたら中小企業者に該当させることができるでしょうか。考えてみましょう。

ひとつにまとめて**管理しよう**

組織再編税制とグループ通算制度

マヤ

昨日の法人税の授業は大変だったわ。連結納税制度なんて、難しくてよくわからない。すでに卒業した先輩が、大手の税理士法人で働いているんだけど、連結納税の申告書を作るのが大変だったとぼやいていたわ。

そういえば、2022年から連結納税制度からグループ通算制度に変わるんだよね。連結納税制度が複雑すぎるから、グループ通算制度が導入されることになったみたいなんだけど、グループ通算制度を導入する企業は増えるのかな。

コウジ

ユウタ

サトウ先生は、連結納税制度と違って、親法人の繰越欠損金を持ち込めないから、グループ通算制度の導入にはほとんどメリットがないと言っていたよ。でも、経過措置があったみたいだから、連結納税制度からグループ通算制度に移行した企業も多いみたいなんだ。そうなると、グループ通算制度を採用している場合の組織再編とかM＆Aの相談が増えるのかもしれないね。

皆さんは、グループ通算制度をご存知ですか？

グループ通算制度とは、通算親法人と通算子法人をまとめて確定申告を行う制度のことをいいます。グループ通算制度を導入すると、一方の法人の赤字と他方の法人の黒字を相殺することができるので、法人税の節税に繋がります。

ただし、グループ通算制度を開始する前の繰越欠損金をグループ通算制度に持ち込むことはできません。これに対し、連結納税制度の場合には、連結親法人の繰越欠損金だけは持ち込むことができたので、経過措置を利用したうえで、連結納税制度からグループ通算制度に移行することにより、連結納税制度に持ち込んだ繰越欠損金をグループ通算制度に持ち込むことができました（改正法法附則20⑦、28③）。

サトウ先生

1 グループ通算制度の適用範囲

(1) 原則的な取扱い

グループ通算制度は選択制なので、グループ通算制度を導入することにデメリットを感じるのであれば、グループ通算制度を導入しなくても構いません。

ただし、グループ通算制度を導入しようとするのであれば、**すべての100％子会社を対象として**グループ通算制度を導入する必要があり、一部の100％子会社をグループ通算制度の対象から除外することはできません（法法64の9①）。なお、この場合の100％子会社は、直接保有だけでなく、間接保有も含まれます（法法2十二の七の六、十二の七の七）。

そして、他の内国法人に発行済株式のすべてを保有されている法人は、通算親法人となることができません（法法64の9①二）。そのため、下図にあるように、X社を通算親法人とするグループ通算制度を導入することはできません。

【認められるケース】

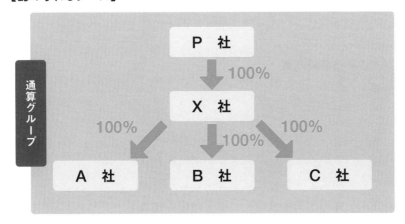

【認められないケース】

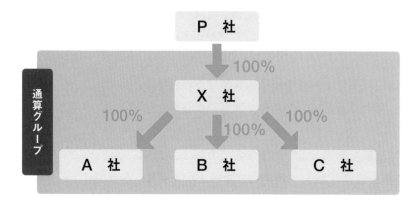

なお、グループ通算制度は、**2022 年 4 月 1 日以後開始する事業年度**から適用されるため、それまでは、従来の連結納税制度が適用されることになります。

② グループ通算制度の開始・加入

（1）基本的な取扱い

グループ通算制度を**開始**した場合には、原則として、グループ通算制度開始前の事業年度において、以下の 2 つの処理が必要となります（法法 64 の 11 ①、57 ⑥）。

- ・ **時価評価資産に対する時価評価課税**
- ・ **繰越欠損金の切捨て**

さらに、通算親法人が他の法人の発行済株式のすべてを直接または間接に取得した場合には、当該他の法人は通算グループに**加入**します。そのため、グループ通算制度を開始した場合と同様に、原則として、グループ通算制度加入前の事業年度において、時価評価課税と繰越欠損金の切捨てを行う必要があります（法法 64 の 12 ①、57 ⑥）。

（2）時価評価課税

　グループ通算制度の開始、加入において、時価評価の対象となる資産には、以下のものが挙げられます（法法 64 の 11 ①、64 の 12 ①）。ただし、制度の簡素化のために、**帳簿価額が 1,000 万円に満たない資産**は、時価評価の対象から除外されています（法令 131 の 15 ①四、131 の 16 ①二）。

- ・　固定資産
- ・　土地（土地の上に存する権利を含みます）
- ・　有価証券
- ・　金銭債権
- ・　繰延資産

　ただし、以下のように、租税回避のおそれがないと考えられるものについては、**時価評価課税の対象外**とされています。

（ⅰ）グループ通算制度の開始に伴う時価評価

　　イ．通算親法人との間に完全支配関係の継続が見込まれる通算子法人

　　ロ．いずれかの通算子法人との間に完全支配関係の継続が見込まれる通算親法人

（ⅱ）グループ通算制度の加入に伴う時価評価

　　イ．適格株式交換等により加入した株式交換等完全子法人

　　ロ．通算グループ内の新設法人

　　ハ．適格組織再編と同様の要件として次の要件（加入の直前に支配関係がある場合には、（イ）から（ハ）までの要件）のすべてに該当する法人

　　（イ）通算親法人との間の完全支配関係継続要件

　　（ロ）従業者従事要件

　　（ハ）事業継続要件

　　（ニ）通算グループ内のいずれかの法人との間の事業関連性要件

　　（ホ）事業規模要件または特定役員引継要件

マヤ

営業権（のれん）は、帳簿価額が 1,000 万円未満であることが多いから、時価評価課税の対象にはならないんだね。

（3）繰越欠損金

グループ通算制度の開始または加入前に発生した繰越欠損金は、以下のように取り扱われます（法法 57 ⑥⑧、64 の 7 ②一）[*1]。

◆　時価評価の対象となる法人

　　　切り捨てられる。

◆　時価評価の対象とならない法人

　①　原則

　　　通算法人の**個別所得の範囲**を限度として、繰越欠損金を使用することができます。

　②　例外

　　　組織再編税制との整合性の観点から、支配関係が生じてから 5 年以内であり、かつ、みなし共同事業要件を満たさない場合には、一定の制限が設けられています。

*1　住民税および事業税では、グループ通算制度が適用されないため、住民税法人税割および事業税所得割の計算では、繰越欠損金の切捨ては行われません。

ユウタ

グループ通算制度を開始する前に通算親法人で発生した繰越欠損金であっても、他の通算法人の所得との通算が認められていないんだね。

> **ポイント解説**
>
> 　時価評価が不要な通算法人であっても、当該通算法人の個別所得の範囲を限度として、グループ通算制度の開始または加入前に発生した繰越欠損金を使用することができるだけであり、他の通算法人の課税所得との相殺は認められていません。
>
> 　条文上、このような繰越欠損金は「特定欠損金」と表記されています。

3　グループ通算制度の離脱・取止め

(1) 基本的な取扱い

　原則として、グループ通算制度を取り止めることはできません（法法4の5）。グループ通算制度を取り止めることができるのは、①**通算親法人が他の内国法人**[*2]**の100%子会社になった場合**、②すべての通算子法人が通算グループから離脱した場合、③通算親法人が解散した場合くらいであると思われます（法法64の10⑥一、三、七）。

　そして、通算子法人がグループ通算制度から離脱する場合としては、①**通算親法人による完全支配関係を有しなくなった場合**、②通算子法人の解散[*3]、③残余財産が確定した場合に限定されています（法法64の10⑥五、六）。

(2) 時価評価課税

　原則として、グループ通算制度の取止め、離脱の場合には、**時価評価課税は課されません。**

　しかし、グループ通算制度から離脱する法人が、その行う事業について継続の見込みがない場合には、離脱時にその法人の資産を時価評価するとともに、その評価損益を帳簿価額修正の対象にすることとされています（法法64の13①一）。

　さらに、帳簿価額が10億円を超える資産の譲渡等による損失を計上することが見込まれ、かつ、その法人の株式の譲渡等による損

＊2　普通法人または協同組合等に限ります。

＊3　合併または破産手続開始の決定による解散に限ります。

189

失が計上されることが見込まれている場合にも、当該資産を離脱時に時価評価するとともに、その評価損益を帳簿価額修正の対象にすることとされています（法法 64 の 13 ①二）。

コウジ

> 離脱時の時価評価課税の対象になることは、それほど多くはなさそうだね。

（3）繰越欠損金

　グループ通算制度の取止め、離脱の場合には、青色申告の承認が取り消される場合を除き、それぞれの法人の**繰越欠損金は切り捨てられず**、それぞれの法人の将来の課税所得から控除することができます（法法 57 ⑨）。

サトウ先生

> グループ通算制度の開始、加入により、繰越欠損金が切り捨てられた後に、グループ通算制度の取止め、離脱をした場合であっても、原則として、当該繰越欠損金は復活しないという点に注意しましょう。

（4）帳簿価額修正

　グループ通算制度においては、利益・損失の二重計上を防止するために、離脱法人の株式に対する**帳簿価額修正**が必要とされています。具体的には、帳簿価額修正後の離脱法人の株式の帳簿価額が**離脱法人の簿価純資産価額に相当する金額**になります。

4 通算グループ外の法人との合併

通算法人を合併法人とし、通算グループ外の法人を被合併法人とする適格合併を行った場合には、資産および負債を最後事業年度終了の時の帳簿価額で引き継ぎます（法法62の2①）。この取扱いは、グループ通算制度を採用していても変わらないため、グループ通算制度特有の論点ではありません。

そのため、繰越欠損金の引継制限（法法57③）が課される場合を除き、原則として、被合併法人の繰越欠損金を合併法人である通算法人の繰越欠損金として引き継ぐことができます（法法57②）。

しかしながら、このように引き継がれた繰越欠損金は、**特定欠損金**として取り扱われることから（法法64の7②二）、他の通算法人の所得との通算を認められていないため、合併法人である通算法人の**個別所得の範囲内**でのみ使用することができます（法法81の9①一）。

そして、被合併法人による完全支配関係のある他の内国法人がある場合には、当該他の内国法人もグループ通算制度に加入することになります。

マヤ

> 適格合併を行っても、特定欠損金として取り扱われてしまうんだね。

5 通算グループ内の法人との合併

通算法人を被合併法人とし、他の通算法人を合併法人とする適格合併を行った場合には、グループ通算制度を採用していない場合と同様に、被合併法人の繰越欠損金を合併法人に引き継ぐことができます（法法57②）。

そして、通算法人から他の通算法人に繰越欠損金を引き継ぐ場合には、法人税法57条3項に規定されている繰越欠損金の引継制限

*4　事業税については、グループ通算制度が導入されていないことから、繰越欠損金の引継制限・使用制限が課されます（地令20の3①）。

が適用されず（法令 112 の 2 ⑥）、他の通算法人が通算法人から適格合併により資産および負債を受け入れた場合であっても、同条 4 項に規定されている繰越欠損金の使用制限が課されません（法令 112 の 2 ⑦）*4。

サトウ先生

通算グループ内の法人との適格合併により繰越欠損金を引き継ぐ場合において、被合併法人に特定欠損金があるときは、合併法人において特定欠損金として取り扱われます（法法 64 の 7 ③）。

なお、通算グループ外の法人を被合併法人とする適格合併を行った場合と異なり、被合併法人において特定欠損金として取り扱われていないのであれば、合併法人においても特定欠損金として取り扱う必要はありません。

6 おわりに

　本節では、グループ通算制度と組織再編税制について解説しました。グループ通算制度が施行されるのは、2022 年 4 月 1 日以後開始する事業年度からとなりますが、グループ通算制度を採用している法人が組織再編や M ＆ A を行うこともあるため、グループ通算制度についてもきちんと理解しておきましょう。

チャレンジ!

グループ通算制度を導入した場合には、帳簿価額修正後の離脱法人の株式の帳簿価額が当該離脱法人の離脱日の前日の属する事業年度終了の時における簿価純資産価額に相当する金額とされています。

たとえば、簿価純資産価額 30 億円の会社を 70 億円で買収した後に、90 億円で転売した事案を想定すると、グループ通算制度を導入している場合と導入していない場合とでどのような違いがあるのでしょうか。考えてみましょう。

第 **8** 節

今までお世話になりました

少数株主からの買取り

コウジ

> たしか、今までは、少数株主に株式を分散させることで、相続税対策をしていたんだよね。事業承継税制ができて、分散させておく必要がなくなったから、少数株主から買い戻したいという話が増えてくるんじゃないかな。

> 確かにそうだよね。少数株主がいると、いろいろと面倒なことも多いからね。でも、買い戻すときは、どうやって時価を算定すれば良いんだろう。少数株主にとっては特例的評価かもしれないけど、支配株主にとっては原則的評価だよね。

ユウタ

マヤ

> 言われてみれば不思議だわ。少数株主からすると、原則的評価で取得するお金もないだろうから、きっと特例的評価で取得していると思うんだけど、買い戻すときも特例的評価で良いのかしら？

皆さんは、非上場株式の評価をどのように行うのか知っていますか？

ユウタの言うとおり、相続税評価額には、原則的評価方式と特例的評価方式があります。原則的評価方式が支配株主にとっての株式価値を算定する手法であるとすると、特例的評価方式は少数株主にとっての株式価値を算定する手法であるといえます。

さらに、適用される租税法が、相続税法なのか、それとも法人税法または所得税法なのか、という問題があります。なぜなら、相続税法は個人から個人に対する贈与に対して適用されるのに対し、一方または双方の当事者が法人である場合には、法人税法または所得税法が適用されるからです。

サトウ先生

1 少数株主からの買戻しの方法

少数株主からの株式の買取りには、以下の 2 つの手法が考えられます。

- ・ 他の株主が株式を買い取る手法
- ・ 発行法人が自己株式として買い取る手法

このうち、発行法人が自己株式として買い取る手法を採用した場合には、株式を譲渡した者においてみなし配当が発生します（所法 25 ①五、法法 24 ①五）。みなし配当の具体的な計算は以下のとおりです（所令 61 ②六、法令 23 ①六）。

〈みなし配当の金額の計算〉

みなし配当の金額

$$= 株式の譲渡代金 - 資本金等の額 \times \frac{譲渡株式数}{発行済株式総数}$$

みなし配当の金額は、株式譲渡損益の計算上、譲渡収入の金額から控除されます（措法 37 の 10 ③、法法 61 の 2 ①）。このように、単純に株式を譲渡した場合には、株式譲渡益として認識されるのに対し、発行法人に自己株式を買い取らせた場合には、株式譲渡損益の一部がみなし配当へ振り替えられるという違いがあります。

そして、本章第 10 節、第 12 節で解説を行いますが、株式譲渡益、みなし配当に対する課税関係は以下のようになります。

◆株主が個人である場合

配当所得なのか、譲渡所得なのかで所得税の計算方法が異なる。そのため、それぞれの株主の所得金額によって、いずれが有利なのかは異なる。

◆株主が内国法人である場合

受取配当等の益金不算入が適用することができるため、株式譲渡益よりも、みなし配当として認識したほうが有利である。

2 租税法の体系

租税法では、低廉譲渡が行われた場合の課税関係が問題となります。実務上、第三者間取引と認められない場合には、租税法上の問題が生じないように、財産評価基本通達に定める評価額で売買されることが一般的です。

租税法上、譲渡人、譲受人が個人であるのか、法人であるのかにより適用される法律が以下のように異なります。

（1）譲渡人と譲受人の双方が個人である場合

◆譲渡人である個人

取引価額が時価を下回ったとしても、**実際の取引価額**を収入金額として譲渡所得の計算を行います。

◆譲受人である個人

取引価額が時価を下回る部分の金額に対して、**贈与税**が課されるかどうかが問題となります（相法7）。

このように、支配株主から従業員や取引先に対して、特例的評価方式で譲渡をしたとしても、譲受人である従業員や取引先にとっては、特例的評価方式が時価であることから、贈与税の問題は生じません[1]。しかし、支配株主が買い戻す場合に、特例的評価方式を取引価額としてしまうと、支配株主にとっては原則的評価方式が時価になることから、譲受人である支配株主において贈与税が課されます[2]。

（2）譲渡人が個人であり、譲受人が法人である場合

◆譲渡人である個人

時価の2分の1に満たない価額で譲渡を行った場合には、譲渡人である個人において、**時価で譲渡を行ったものとみなして譲渡所得の計算を行う**必要があります（所法59①二、所令169）。

なお、同族会社等の行為計算の否認が適用される場合には、時価の2分の1以上の価額で譲渡を行った場合であっても、時価で譲渡を行ったものとみなして譲渡所得の計算を行う必要があります（所基通59-3）。

[1] 森富幸『取引相場のない株式の税務』151頁（日本評論社、第4版、平成30年）、牧口晴一・齋藤孝一『非公開株式譲渡の法務・税務』291頁（中央経済社、第6版、2019年）。

[2] 森前掲（注1）152頁、牧口ほか前掲（注1）293-294頁。

◆**譲受人である法人**

　取引価額が時価を下回る部分の金額に対して、**受贈益として法人税が課される**かどうかが問題となります（法法22②）。

（3）譲渡人が法人であり、譲受人が個人である場合

◆**譲渡人である法人**

　時価の2分の1に満たない価額で譲渡を行った場合であっても、時価の2分の1以上の価額で譲渡を行った場合であっても、法人税の計算上、**時価で譲渡を行ったものとみなして譲渡損益の計算を行う**必要があります（法法61の2①一）。

◆**譲受人である個人**

　取引価額が時価を下回る部分の金額に対して、**受贈益として所得税が課される**かどうかが問題となります（所法36①）。

（4）譲渡人と譲受人の双方が法人である場合

◆**譲渡人である法人**

　時価の2分の1に満たない価額で譲渡を行った場合であっても、時価の2分の1以上の価額で譲渡を行った場合であっても、法人税の計算上、**時価で譲渡を行ったものとみなして譲渡損益の計算を行う**必要があります（法法61の2①一）。

◆**譲受人である法人**

　取引価額が時価を下回る部分の金額に対して、**受贈益として法人税が課される**かどうかが問題となります（法法22②）。

　このように、譲渡人、譲受人が個人であるのか、法人であるのかにより適用される法律が異なります。もっとも、財産評価基本通達は相続税法の通達であり、法人税法、所得税法の通達ではありません。そのため、後述するように、法人税基本通達、所得税基本通達において、それぞれ財産評価基本通達を準用することができる旨が定められています。

マヤ

株主が個人なのか、法人なのかで、適用される法律が異なるんだね。

3 相続税法上の評価

　財産評価基本通達 178 〜 187 では、**原則的評価方式**[3] を定める
とともに、同族株主以外の株主等が取得した株式に対しては同通達
188 〜 188-2 において**特例的評価方式**[4] を用いることを認めてい
ます。このうち、原則的評価方式は支配株主にとっての株式価値を
評価する方法であり、特例的評価方式は少数株主にとっての株式価
値で評価する方法であるといえます。そして、支配株主に該当する
のか、少数株主に該当するのかは、贈与を受けた側の**贈与直後の状
態**で判定されます[5]。

*3　類似業種比準方式、純資産価額方式または折衷方式で評価を行う手法をいいます。

*4　配当還元方式により評価を行う手法をいいます。

*5　加藤千博『株式・公社債評価の実務』123-124頁（大蔵財務協会、2019年）。

4 法人税法上の評価

　法人税法では、法人税基本通達 2-3-4 により準用される同通達
4-1-5、4-1-6 において譲渡人の取扱いが定められています。なお、
譲受人の取扱いを直接的に定めた通達はありませんが、実務上、同
通達が準用されています。

　法人税基本通達 4-1-5 では、① 6 か月以内の売買事例があるもの、
②公開途上にあるもの、③類似会社のあるもの、④それ以外に分け
て評価方法が定められ、同通達 4-1-6 では、**③④の代わり**として、
課税上弊害がない限り、**財産評価基本通達に定める原則的評価方式、
特例的評価方式によって算定する**ことを認めています。ただし、下
記の修正を行う必要があります。

（1）原則的評価方式による場合には**小会社**に該当するものとして
　　評価を行います。そのため、**折衷割合を 1 対 1 とした折衷
　　方式と純資産価額方式のいずれか低い評価額**で評価を行いま
　　す。

(2) 土地（土地の上に存する権利を含む。）または上場有価証券を有している場合には、**算定基準日の時価**による必要があります[6]。そのため、土地の評価において路線価を利用することはできません。

(3) 純資産価額の評価に当たり、財産評価基本通達 186-2 により計算した**評価差額に対する法人税額等に相当する金額**を控除することはできません。

*6 上場有価証券は、算定基準日の時価により算定することから、財産評価基本通達169(1)にあるような「最終価格の月平均額」を用いることはできません。

サトウ先生

実務上、法人税基本通達 4-1-5 のうち、①〜③に該当することはほとんどありません。そのため、④に該当する事案がほとんどですが、同通達では、「1 株当たりの純資産価額等を参酌して通常取引されると認められる価額」と規定されています。

同通達 4-1-5 では、時価純資産価額で評価することを認め、同通達 4-1-6 では、財産評価基本通達を準用することにより評価することを認めているということがわかります。

5 所得税法上の評価

　所得税法では、所得税基本通達 23 〜 35 共 -9、59-6 において譲渡人の取扱いが定められています。具体的に定められている内容は法人税基本通達と大きくは変わりませんが、原則的評価方式と特例的評価方式のいずれを採用するかどうかを**譲渡直前の議決権の数**により判定することが、明確に定められています。

　そして、譲受人の取扱いは、所得税基本通達 23 〜 35 共 -9 に定められているとする考え方[7]と、明確な規定がないとする考え方があります[8]。ただし、両者のいずれの考え方を採用したとしても、同通達 59-6 による評価方法を用いることを否定していないため、結論は変わりません。

*7 牧口ほか前掲(注1)291頁。

*8 森前掲(注1)168頁。

6 譲渡人と譲受人で評価額が異なる場合

このように、相続税法上の時価と法人税法、所得税法の時価はや

や異なります。さらに、以下のように、一方で原則的評価方式が採用されながら、他方で特例的評価方式が採用されることがあります。

① 支配株主から少数株主に株式を譲渡する場合*9
② 少数株主から支配株主に株式を譲渡する場合*10

この点、譲渡人と譲受人の双方が個人である場合には、譲渡人におけるみなし譲渡益課税を検討する必要がないため、譲受人における贈与税の問題のみを検討すれば足ります。

これに対し、譲渡人と譲受人の一方または双方が法人である場合には、譲渡人のみなし譲渡益についても検討する必要があるため、譲渡人にとっての時価と譲受人にとっての時価が異なるという問題が生じます。このような一物二価の問題があったとしても、課税主体が異なるため、**それぞれ異なる時価を用いて**課税所得の計算を行います。その結果、一物二価の問題があるにもかかわらず、特例的評価方式による評価額で売買を行った場合には、以下のように租税法上の問題が生じてしまいます。

◆**譲渡人にとっての時価が特例的評価方式であり、譲受人（法人）にとっての時価が原則的評価方式である場合**

譲受人からすれば、原則的評価方式を下回る譲渡価額となっていることから、法人税法上、**受贈益**を計算する必要があります。

◆**譲渡人（法人）にとっての時価が特例的評価方式であり、譲受人（個人）にとっての時価が原則的評価方式である場合**

譲受人からすれば、原則的評価方式を下回る譲渡価額となっていることから、所得税法上、**一時所得等**を計算する必要があります*11。

◆**譲渡人（個人）にとっての時価が原則的評価方式であり、譲受人（法人）にとっての時価が特例的評価方式である場合**

原則的評価方式の2分の1に満たない価額で譲渡を行った場合には、**原則的評価方式で譲渡を行ったものとみなして**、譲渡人である個人において譲渡所得の計算を行います（所法59①二、所令169）。

*9 譲渡人にとっての時価が原則的評価方式であり、譲受人にとっての時価が特例的評価方式である場合。

*10 譲渡人にとっての時価が特例的評価方式であり、譲受人にとっての時価が原則的評価方式である場合。

*11 譲渡人との関係によっては、給与所得等に該当する場合もあり得ます。

◆**譲渡人（法人）にとっての時価が原則的評価方式であり、譲受人（法人）にとっての時価が特例的評価方式である場合**

　原則的評価方式の 2 分の 1 に満たない価額で譲渡を行った場合であっても、原則的評価方式の 2 分の 1 以上の価額で譲渡を行った場合であっても、譲渡人である法人における法人税の計算上、**原則的評価方式で譲渡を行ったものとみなして**譲渡損益を計算する必要があります（法法 61 の 2 ①一）。

> 譲渡人と譲受人で時価が異なる場合には、それぞれ別々の時価を採用するんだね。

ユウタ

7　自己株式の買取価格

（1）譲渡人における取扱い

　時価よりも安い価額で自己株式を買い取らせたとしても、みなし配当の計算を時価に修正する規定はありません。

　これに対し、株主が法人である場合には、法人税法 61 条の 2 第 1 項 1 号において、有価証券の譲渡により通常得べき対価の額により有価証券譲渡損益の計算を行うことが明らかにされています。また、株主が個人である場合には、所得税法 59 条 1 項 2 号および同法施行令 169 条において、時価の 2 分の 1 を下回る価額により譲渡を行った場合には、時価により譲渡を行ったものとして有価証券譲渡損益の計算を行うことが明らかにされています（措通 37 の 10・37 の 11 共 -22）。

（2）既存株主における取扱い

　相続税法基本通達 9-2 において、他の個人株主が行った行為により、保有している株式の時価が増加した場合には、当該増加した部分に相当する金額について、贈与税の対象にすることが明らかにされています*12。

*12　一方または双方の株主が法人である場合には、相続税法が適用されず、法人税法または所得税法の問題となりますが、条文上、他の株主が発行法人に対して贈与したことにより、保有する株式の時価が増加したとしても、当該時価の増加に対して受贈益として課税するという規定は存在しません。すなわち、法人税法および所得税法の体系上、これに対して課税するには、同族会社等の行為計算の否認（法法132、所法157①）を適用せざるを得ないと考えられます。

このように、株主間贈与が生じる場合には、譲渡をした株主においてみなし譲渡益の問題が生じ、既存株主において受贈益の問題が生じます。

8 募集株式の発行等

引受人が法人である場合において、有利発行により有価証券を取得したときは、その取得の時における**当該有価証券の取得のために通常要する価額**が当該有価証券の取得価額となります（法令119①四）。そのため、払込みをした金銭の額と有価証券の取得のために通常要する価額との差額について受贈益を認識する必要があります（法法22②）。

そして、引受人が個人である場合についても同様に、払込日における時価と払い込むべき額との差額に対して所得税が課されます（所法36②、所令84②五）。ただし、既存の主要株主が個人であり、かつ、引受人も個人である場合には、贈与税の問題を検討する必要もあります（相法9）。この点については、以下のように整理されています[13]。

① 給与所得または退職所得として所得税の課税対象とされるものについては、給与所得または退職所得として処理します。

② ①に該当する場合を除き、贈与により取得したものとして贈与税の課税対象とされるものについては[14]、贈与税の対象になります。

③ ①および②のいずれにも該当しない場合には、一時所得として課税されます。

このように、租税回避に該当する場合を除き、法人税法および所得税法においては、有利発行を**発行法人から引受人に対する経済的価値の移転**であると考えていることがわかります。そのため、引受人における受贈益の算定上、引受人の納税ポジションにより租税法上の時価を算定することになります。

そして、有利発行により贈与税が問題になる場合であっても、贈与を受けた引受人の納税ポジションにより租税法上の時価を算定す

＊13 大野隆太『平成30年12月改訂版相続税法基本通達逐条解説』155-156頁（大蔵財務協会、平成30年）。

＊14 既存株主と引受人が親族等の関係にあり、かつ、その発行会社が同族会社である場合に贈与税の課税対象になります（相基通9-4）。

ることから、同様の結論になります。

そのため、少数株主が特例的評価方式により募集株式の引受けを行った場合には、当該少数株主にとっては、特例的評価方式が租税法上の時価であることから贈与税の問題は生じないということになります。

9 おわりに

このように、少数株主からの株式の買取りを行う場合には、買取価額をどのようにすべきかが問題となります。

しかし、原則的評価方式による評価が 100 円であり、特例的評価方式による評価が 10 円である場合において、10 円で買い取ったとしても、差額の 90 円に対して課税されるため、仮に税率が 50 ％であったとしても、支払うべき税金は 45 円です。そして、譲渡人である少数株主からすれば、特例的評価方式が時価であることからみなし譲渡益の問題は生じません。

このように、支配株主にとっての支出は 55 円（10 円 + 45 円）に留まることから、税金を支払うつもりであれば、実際の買取価額を時価まで引き上げる必要はないと考えられます。

チャレンジ！ ❹で解説したように、法人税法上の評価において財産評価基本通達を準用する場合には、小会社とみなしたうえで、保有する土地を時価で評価する必要があります。

それでは、評価会社の子会社についても、小会社とみなしたうえで、保有する土地を時価で評価する必要があるのでしょうか。考えてみましょう。

第9節 さすがに少額というわけには

スクイーズアウト

ユウタ

> サトウ先生のところに、スクイーズアウトの相談が来ているみたいだね。支配株主が個人の場合には、株式交換等・移転税制の対象外だから、税務上の時価を検討すれば他に問題はないよね。

コウジ

> 税務上はそうかもしれないけど、会社法上の時価の問題は大きいよ。そもそも、少数株主からすれば、力ずくで追い出されるから、それなりの買取価格を保証しろという話になると思うよ。

マヤ

> たしか、少数株主から支配株主が買い取る場合には、支配株主では、原則的評価方式が時価だという話になっていたよね（本章第8節参照）。ひょっとしたら、会社法上、支配権価値を保証したうえで、買取価格を算定しなければならないという話になるんじゃないかな？

第1章第10節では、スクイーズアウトについても解説しました。税制適格要件を満たさないスクイーズアウトを行った場合には、時価評価課税の対象になります（法法62の9）。

しかし、ユウタの言うように、支配株主が個人である場合には、そもそも「株式交換等」に該当しないことから、税制適格要件を検討するまでもなく、時価評価課税の対象にはなりません。

そうなると買取価格が問題となりますが、本章第8節で解説したように、税務上は、原則的評価方式よりも安い評価額にしてしまうと、譲受人である支配株主において課税上の問題が生じてしまいます。

サトウ先生

これに対し、コウジが指摘しているのは、会社法上の時価の問題です。本節では、この内容について解説します。

1 株式売買価格決定申立事件における評価方法の選定

株式売買価格決定申立事件に係る裁判例は、スクイーズアウトにおいても参考にすることができます。株式売買価格決定申立事件とは、譲渡制限株式[*1]を譲渡しようとする株主（または取締役会の承認を得ずに譲渡制限株式を取得した者）と取締役会が指定した買取人の間で売買価格が合意に至らない場合において、裁判所に対して、売買価格決定の申立てがなされた事件をいいます。

そして、株式売買価格決定申立事件に係る裁判例では、支配株主にとっての株式価値、少数株主にとっての株式価値の評価方法として、以下の傾向が見受けられます。

◆支配株主にとっての株式価値

かつては、国税庁方式[*2]により評価した価格を重視する傾向が強かったものの[*3]、その後、マーケット・アプローチが比較的よく用いられ、近時はインカム・アプローチの **DCF 法** の採用が多くなったという傾向が見受けられます[*4]。

ただし、事業計画案が提出されなかったことを理由として、DCF 法ではなく、過去の経常利益の実績を基礎にした **収益還元法** が採用された裁判例もあります[*5]。

◆少数株主にとっての株式価値

配当還元法 を採用している裁判例がほとんどです[*6]。

しかし、これらによって算定された株式価値に違和感がある場合には、**時価純資産法との併用** が用いられることがあります。

具体的には、支配株主にとっての株式価値に対しては DCF 法（またはその代替としての収益還元法）、少数株主にとっての株式価値に対しては配当還元法を採用するものの、これらによって得られる株式価値に違和感がある場合には、時価純資産法との併用を行うという傾向があります[*7]。

[*1] 譲渡制限株式とは、株式会社がその発行する全部または一部の株式の内容として譲渡による当該株式の取得について当該株式会社の承認を要する旨の定めを設けている場合における当該株式をいいます（会社法2十七）。

[*2] 財産評価基本通達に定められている「取引所の相場のない株式の評価」による評価方法をいいます。

[*3] 江頭憲治郎「判批」江頭憲治郎ほか編『会社法判例百選』44頁（有斐閣、第2版、2011年）。

[*4] 山本爲三郎「第144条」山下友信編『会社法コンメンタール3・株式（1）』419頁（商事法務、2013年）。

[*5] 東京高決平成20年4月4日（金融・商事判例1295号49頁）。

[*6] 大阪高決平成元年3月28日・判例時報1324号140頁、札幌高決平成17年4月26日・判例タイムズ1216号272頁、広島地決平成21年4月22日・金融・商事判例1320号49頁、大阪地決平成27年7月16日・金融・商事判例1478号26頁。

[*7] 柴田和史「非上場株式の評価」浜田道代・岩原伸作編『会社法の争点』61頁（有斐閣、2009年）。

サトウ先生

これらは、あくまでも会社法上の時価についての議論になります。会社法上の時価とは、当事者間の合意がなされずに、売買価格決定の申立てがなされた場合に、裁判所によって決定される時価をいいます。もちろん、当事者間が合意すれば、上記以外の時価を採用することは可能ですが、本章第8節で解説したように、租税法上の時価と異なる場合には、租税法上の問題が生じます。

② スクイーズアウトにおける会社法上の時価

　会社法上、少数株主の保護のために、全部取得条項付種類株式を利用した手法に対しては、**取得価格決定の申立て**（会社法 172）、株式併合を利用した手法に対しては、**反対株主の株式買取請求**（同法 182 の 4、182 の 5）、株式等売渡請求を利用した手法に対しては、**売買価格決定の申立て**（同法 179 の 8）がそれぞれ認められています。

　そして、これらが行われた場合には、裁判所が決定した**公正な価格**で買い取る必要があります。そのため、実務上、裁判所が決定すべき公正な価格がいくらになるのかを意識することが少なくありません。

考えてみよう

全部取得条項付種類株式を利用した手法、株式併合を利用した手法は、いずれも少数株主が保有している株式を1株に満たない端数にしたうえで締め出す手法です。

会社法234条2項に規定する1株に満たない端数の処理は、競売の方法に代えて、裁判所の許可を得て売却できることが規定されていますが、東京地方裁判所民事第8部（商事部非訟係）が公表している端数相当株式任意売却許可申立書の書式では鑑定評価書を付すことを要請しています。

そして、少数株主が取得価格決定の申立てまたは反対株主の株式買取請求を行ったと仮定した場合において、明らかに公正な価格として認められない株式価値で「端数相当株式任意売却許可申立書」を提出したときに、裁判所が何かしらの指摘をしてくる可能性も否めません。そのため、たとえ少数株主が取得価格決定の申立てまたは反対株主の株式買取請求を行わない場合であっても、裁判例で問題となっている「公正な価格」を意識せざるを得ないといえます。

3 具体的な買取価格の算定方法

　裁判例の傾向を見てみると、客観的価値に増加価値分配価格を加算することにより、「公正な価格」を決定することが一般的です。客観的価値とは、スクイーズアウトを行う前の時価のことをいい、増加価値分配価格とは、スクイーズアウトにより増加した価値のうち、少数株主に分配すべき価格をいいます。

　そして、**マイノリティ・ディスカウント**[*8] および **非流動性ディスカウント**[*9] を考慮すべきかどうかが問題になります。この点については、スクイーズアウトにより、支配株主が強制的に取得した株式は、マイノリティ・ディスカウントおよび非流動性ディスカウントを含まない価格になります。このようなディスカウントの解消による株式価値の向上は、支配株主の経営努力によるものとは言い難いことから、少数株主に分配すべきです。

　このように、客観的価値の算定において、これらのディスカウントを考慮したとしても、増加価値分配価格の算定において、これらのディスカウントが解消されてしまうため、**マイノリティ・ディスカウントおよび非流動性ディスカウントを考慮せずに**、公正な価格を算定する必要があります。

コウジ

　マイノリティ・ディスカウントを考慮することもできないし、DCF法を採用することで、時価純資産法よりも高い評価になる可能性もあるし、非上場会社では、スクイーズアウトが行われる事案は少ないんじゃないかな。

4 債務超過会社における少数株主の締出し

　全部取得条項付種類株式の取得価格決定申立事件において、債務超過会社が発行している株式の取得価格を 0 円であると決定している裁判例があります[*10]。そのため、実質債務超過会社の客観的価値に増加価値分配価格を加算したとしても 0 円である場合には、**0 円でスクイーズアウトを行っても構わない**と思われます[*11]。

*8　少数株主であることを理由としたディスカウントをいいます。「マイノリティ・ディスカウントを考慮する」というのは、少数株主にとっての株式価値を算定するという意味になります。

*9　非上場会社であることを理由としたディスカウントをいいます。

*10　大阪地決平成27年12月24日（ウエストロー・ジャパン文献番号2015 WLJPCA12246003）。

ただし、株式等売渡請求の手法を用いた場合には、売渡株主等との間で売買契約の成立と同種の法律関係が生じるものとされているのに対し、取得価格を 0 円としてしまうと、民法上、売買ではなく、贈与になってしまうことから、0 円にすることはできないとする見解もあります[*12]。この見解に従うのであれば、**1 株当たり 1 円**でスクイーズアウトを行うべきであるといえます。

[*11] 佐藤信祐「非上場株式の評価」慶應義塾大学大学院法学研究科博士論文 136頁(注56)(2017年)。

[*12] 代宗剛『Q&A株式・組織再編の実務1ーキャッシュ・アウト制度を中心に』16頁(商事法務、2015年)。

5 おわりに

このように、スクイーズアウトは、税務上の問題というよりも、会社法上の買取価格の問題になることが一般的です。しかし、支配株主にとっての株式価値を保証しなければならないだけでなく、DCF法または収益還元法により評価を行い、かつ、非流動性ディスカウントを加味しないということになると、財産評価基本通達に定める原則的評価方式による評価額よりも高くなってしまう可能性があります。

このような背景から、実務上、債務超過会社を除いて、非上場会社のスクイーズアウトはほとんど行われていません。

> **チャレンジ!**
>
> P社が発行済株式総数の70%を保有するA社が債務超過であることから、0円によるスクイーズアウトを検討しています。なお、スクイーズアウト後にP社はA社の発行済株式の全部を外部のX社に譲渡することを予定しています。
>
> この場合において、非適格株式交換等(第1章第10節参照)として、時価評価課税の対象にならないようにするためには、どのようにしたらよいのでしょうか。考えてみましょう。

第**10**節

誰か引き継いでくれないかな

オーナー企業のM&A

最近、M&Aが増えているよね。司法修習が終わったら、法律事務所でM&Aをやらせてもらえるみたいだから、今から楽しみだよ。でも、上場会社やファンドが、オーナー企業を買収する事案もあるみたいなんだよな。税務上は、どんな論点があるんだろう？

コウジ

やっぱり、株主が個人だから、所得税の検討をしないといけないんじゃないかな。株式を譲渡すると譲渡所得が発生するから、分離課税で約20％。そんなに問題があるとは思えないんだけど。

マヤ

ちょっと待ってよ。オーナー企業は、会計監査も受けたことがないし、内部統制も整備されていないから、決算書の信頼性はかなり低いと思うんだ。簿外債務なんか調査しきれないし。そう考えると、事業譲渡や会社分割で買うしかないような気がするな。

ユウタ

ユウタの言うように、オーナー企業のM&Aでは、簿外債務の問題があるため、事業譲渡や会社分割を検討することが少なくありません。しかしながら、一般的には、株式譲渡は株主が変わるだけなのに対し、事業譲渡や会社分割は、資産、負債および契約関係を移転しなければならないことから、手間がかかる手法だと言われています。これに対し、感覚的には、株式価値が5億円を下回る会社では、それほど手間がかかるわけでもないため、株式譲渡を選択する積極的な理由が乏しいと思います。

そして、税務上の観点からすると、株式譲渡方式と事業譲渡方式（または会社分割方式）では、まったく異なる結果になります。実務上は、その結果を比較して有利不利判定を行うことが多いでしょう。

サトウ先生

1 所得税の概要

オーナー企業の M&A では、被買収会社の株主が、法人ではなく個人であるというのが特徴です。そして、個人の所得に対する最高税率は、復興税制を無視すると、所得税 45％、住民税 10％です（復興税制を加味すると、所得税率 45.945％、住民税率 10％）。

（1）配当所得課税

オーナーが内国法人から配当を受け取った場合には、配当所得として課税されます（所法 24 ①）。また、通常の利益配当のほか、組織再編や解散により発生したみなし配当も配当所得に含まれます（所法 25 ①）。

配当所得は、給与所得、事業所得、不動産所得等と合算して、**総合課税**の適用を受けます。総合課税の適用を受けた場合には、累進課税により所得税額が計算されますが、多額の配当所得が発生した場合には、配当所得のほとんどが最高税率である **55％（所得税率 45％、住民税率 10％）** になります。

これに対し、配当所得が発生した場合には、発行法人ですでに課税された後のその他利益剰余金を原資として支払われていることから、二重課税を排除するため、**配当控除**の適用が認められており、所得税額から税額控除を行うことができます（所法 92）。

しかし、M&A の実務では、一時に多額の配当所得が生じることがあります。このような場合には、配当所得の **6.4％（所得税率 5％、住民税率 1.4％）** しか税額控除を受けられないことが多く、十分に二重課税が排除されているとはいえません*1。

このように、配当所得に対する実効税率のほとんどが 48.6％（所得税 40％、住民税 8.6％）になることが多いですが、2037 年までの間、所得税に対して 2.1％ に相当する金額が復興特別所得税として課税されるため、上記の実効税率は **49.44％** となります。

（2）譲渡所得課税

オーナーが株式の譲渡を行った場合には、その譲渡益に対して譲渡所得として分離課税の適用を受けます。その場合の税率は

*1 配当控除の計算については細かく規定されており、課税所得が小さい場合には、10％の配当控除を行うこともできますが、M&A において生じるみなし配当のように多額の課税所得が生じる場合には、配当控除が6.4％になることがほとんどです。

20.315%（所得税率 15.315%、住民税率 5%）です（措法 37 の 10 ①、地法附則 35 の 2 ①⑨）＊2＊3。

　これに対し、譲渡損が発生した場合には譲渡損がなかったものとみなされるため、給与所得等の他の課税所得と相殺することはできません（措法 37 の 10 ①、地法附則 35 の 2 ①⑨）。

（3）退職所得課税

　オーナーが退職を基因として退職金を受け取った場合には、退職所得として取り扱われます。

　退職所得に係る課税は、他の所得と分離して累進課税の対象になります。この場合における課税所得の計算は以下のとおりです。

◆退職所得の金額（所法 30）の計算

　退職所得の金額＝（退職金の金額－退職所得控除）× $\dfrac{1}{2}$

　・退職所得控除

　　⇒勤続年数が 20 年以下の場合：勤続年数× 40 万円（最低 80 万円）

　　勤続年数が 20 年超の場合：800 万円＋（勤続年数－ 20 年）

　　× 70 万円

　また、上記により計算された退職所得に係る税率は累進課税であることから、所得水準によって異なりますが、その最高税率は 55.945%（所得税率 45.945%、住民税率 10%）です。

　そして、退職所得の金額は、退職金の金額から退職所得控除を控除した金額に 2 分の 1 を乗じた金額として計算されることから、退職金に係る最高実効税率は**約 27%**となります。

　ただし、平成 24 年度税制改正により、勤続年数が 5 年以内の役員等については、課税所得に 2 分の 1 を乗じる特例の適用を受けることができなくなったため、注意しましょう。

＊2　譲渡所得に対する税率は20％（所得税15％、住民税5％）ですが、復興税制により、2037年までの所得税額に対して2.1％の「復興特別所得税」が課されているため、実質的な最高税率は20.315％となります。

＊3　実務上、該当するケースは稀ですが、「土地譲渡類似株式等の譲渡を行った場合」には、譲渡所得に対する税率が39.63％（所得税30.63％、住民税9％）になります（措法32①②）。

2　一般的に使われているM&A手法

　M&A には様々な手法がありますが、大きく分けて、①株式を譲渡する手法と②事業を譲渡する手法の2つに分けられます。

　このうち、①株式を譲渡する手法として、株式譲渡、株式交換および株式移転が挙げられますが、売り手からすると、買い手の株式ではなく、現金預金を取得したいことが多いことから、株式譲渡による手法が一般的です。そして、②事業を譲渡する手法として、事業譲渡、会社分割および吸収合併が挙げられますが、売り手からすると、買い手の株式ではなく、現金預金を取得したいことが多いことから、事業譲渡および会社分割が一般的です。そのため、以下では、株式譲渡、事業譲渡および会社分割について解説します。

　なお、本節では、単純化のために、グループ通算制度（または連結納税制度）を採用していないことを前提としています。

（1）株式譲渡

　株式譲渡とは、被買収会社株式を買収会社に譲渡し、被買収会社の株主が譲渡代金を受け取る手法です。株式譲渡を行った場合には、被買収会社の法人格をそのまま引き継ぐことから、被買収会社のすべての権利義務をそのまま引き継ぎます。

　そして、この手法を用いた場合には、被買収会社の株主が譲渡代金を取得することから、被買収会社の株主に株式譲渡損益が生じます。

【株式譲渡】

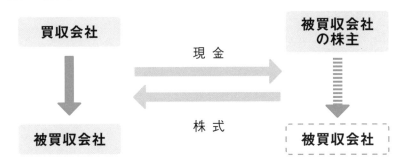

（2）事業譲渡

　事業譲渡とは、被買収会社の事業を買収会社に譲渡し、譲渡代金を被買収会社が取得する手法をいいます。この手法を用いた場合には、被買収会社（事業譲渡法人）において、事業譲渡損益が生じます。

　事業譲渡は、株式譲渡と異なり、被買収会社の法人格を引き継がないため、被買収会社の簿外負債などを引き継がないことができるというメリットがある反面、個々の資産、負債および契約関係を個別承継することから、事務が煩雑になりやすいというデメリットがあります。そのため、実務上、事業譲渡による手法が煩雑である場合には、後述する会社分割による手法を採用することもあります。

【事業譲渡】

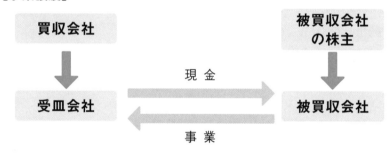

　なお、この手法は、被買収会社の株主ではなく、被買収会社に事業譲渡代金が入金されるため、被買収会社の株主が事業譲渡代金を受け取るためには、被買収会社から剰余金の配当を行ったり、清算により清算分配金を交付したりする必要があります。

（3）会社分割

　会社分割とは、株式会社または合同会社がその事業に関して有する権利義務の全部または一部を他の会社（または新設会社）に承継させることをいいます（会社法2二十九、三十）。会社分割は、事業譲渡と異なり、分割法人の事業を分割承継法人に包括承継させることができるため、個別の資産、負債および契約関係の移転手続が容易になるというメリットがあります。

　会社分割には、分割承継法人から分割法人に対して、①現金預金を交付する方法（以下、「現金交付型分割」といいます）と、②分割

承継法人株式（以下、「株式交付型分割」といいます）を交付する方法があります。

　このうち、現金交付型分割により買収する場合には、被買収会社（分割法人）の事業を買収会社（分割承継法人）に移転し、対価として現金預金が交付されるので、事業譲渡による買収手法と大きく変わりません。そして、法人税法上も、金銭等不交付要件を満たさないため、**非適格分社型分割**に該当します（第1章第4節参照）。

　これに対し、株式交付型分割により買収する場合には、被買収会社（分割法人）の事業を新会社（分割承継法人）に移転した後に、当該新会社の株式を買収会社に譲渡します。そして、法人税法上は、分割法人と分割承継法人との間の支配関係の継続が見込まれていないため、**非適格分社型分割**に該当します（第1章第4節参照）。

【株式交付型分割】

●ステップ1：会社分割　　●ステップ2：株式取得

3　株式譲渡方式のメリット

　ここでは最も単純なM&Aの目的である「すべての資産および負債を買収会社に譲渡する」場合について解説します。この場合の買収手法として、様々な手法が考えられますが、事業譲渡方式と会社分割方式における法人税法上の取扱いはほとんど変わりません。

　そのため、以下では、基本的なケースである株式譲渡方式と事業譲渡方式についてのみ解説します。なお、事業譲渡方式の場合には、被買収会社の株主ではなく、被買収会社に事業譲渡代金が入金されるため、被買収会社を清算することにより、被買収会社の株主が清

算分配金を受け取ることを想定しています。

　また、議論を単純化させるために、法人税の実効税率を 30％ とし、配当所得に対する所得税の実効税率を 50％ であると仮定します。

◆具体例

　イ．前提条件

〈被買収会社の貸借対照表〉　　　　　　　　（単位：百万円）

	税務簿価	時　価		税務簿価	時　価
資　産	11,000	11,000	負　債	8,000	8,000
資産調整勘定	0	6,000	純資産※	3,000	9,000
合　計	11,000	17,000	合　計	11,000	17,000

〈純資産の内訳〉（上記※）

	税務簿価	時　価
資本金	50	50
資本準備金	50	50
利益剰余金	2,900	8,900
純資産	3,000	9,000

- ・　被買収会社の株主は個人株主 1 人（日本の居住者）
- ・　個人株主の給与所得が多額であり、追加的な課税所得に係る課税はすべて最高税率（配当控除後で約 50％）が課される。
- ・　被買収会社の株主が保有する被買収会社株式の取得価額は 100 百万円
- ・　被買収会社株式の譲渡価額は 9,000 百万円

　ロ．法人税、住民税、事業税および所得税の課税関係

　まず、被買収会社および買収会社で発生する法人税、住民税および事業税、被買収会社の株主で発生する所得税および住民税の課税関係を検討します。

〈売り手側の税負担〉

	株式譲渡方式	事業譲渡方式
被買収会社	株主が変わるだけなので、課税関係は発生しない。	事業譲渡益が6,000百万円発生する。 ⇒実効税率が30%なので、税負担は以下のとおり。 　6,000百万円×30% 　＝1,800百万円の課税
被買収会社の株主	【譲渡所得として分離課税】 　譲渡所得に対する課税 　＝(譲渡価額－譲渡原価)× 　　20.315% 　＝(9,000百万円－450百万円) 　　×20.315% 　＝1,736百万円	【配当所得として総合課税】 ①残余財産の分配額 　譲渡価額－法人税等 　＝9,000百万円－1,800百万円 　＝7,200百万円 ②配当所得に対する課税 　＝(残余財産－資本金等の額)×約50% 　＝(7,200百万円－100百万円)×約50% 　＝3,550百万円
合　計	税負担　1,736百万円	税負担　5,350百万円

※譲渡収入の5%に乗じた金額が実際の取得費を上回っているため、譲渡収入の5%を乗じた金額を譲渡原価とした（9,000百万円×5％＝450百万円、所基通38-16）。

〈買い手側の税負担〉

	株式譲渡方式	事業譲渡方式
買収会社	単なる株式の取得なので、課税関係は発生しない。	
事業譲渡法人		資産調整勘定6,000百万円を認識したことにより、将来の課税負担が圧縮される。 ⇒実効税率が30%なので、税負担の軽減は以下のとおり。 　6,000百万円×30% 　＝1,800百万円の税負担の軽減
合　計	税負担　0百万円	税負担　△1,800百万円

※資産調整勘定（税務上ののれん）は、5年間の均等償却により損金の額に算入することができる（法法62の8④⑤）。

〈合　計〉

	株式譲渡方式	事業譲渡方式	有利不利判定
売り手側	1,736百万円	5,350百万円	株式譲渡方式が有利
買い手側	0百万円	△1,800百万円	事業譲渡方式が有利
合　計	1,736百万円	3,550百万円	株式譲渡方式が有利

*4　このような、配当所得課税を逃れ、譲渡所得として認識するスキームは、事業譲渡方式に比べ、株式譲渡方式のほうが簡便、合理的な方法であるといえることから、租税回避には該当しないと考えられます（東京高決昭和49年6月17日・TAINSコードZ075-3344）。

ハ. 総　括

　上記のように、事業譲渡方式では、売り手側で多額の課税が生じるため、株式譲渡方式のほうが有利であるといえます。

　さらに、事業譲渡方式で生じる不動産取得税、登録免許税および消費税が、株式譲渡方式では生じません。そのため、その他利益剰余金が多額である場合や、買収価額が多額である場合には、株式譲渡方式が有利であるといえます*4。事業譲渡方式で生じる不動産取得税、登録免許税および消費税については、第1章第13節をご参照ください。

大きな M&A では、配当所得に対する税負担がかなり大きいんだね。

コウジ

4　役員退職慰労金の支給

（1）役員退職慰労金を支払った場合の取扱い

　被買収会社が役員退職慰労金を支払った場合には、役員退職慰労金を受け取った個人で退職所得が発生します。そして、前述のように、退職所得の最高税率は約27％であることから、譲渡所得よりもやや高い税負担になることがほとんどです。

　これに対し、役員退職慰労金を支払った被買収会社では、原則として、支払った役員退職慰労金を損金の額に算入することができることから、他の課税所得と相殺することにより、税負担を圧縮する

ことができます。**法人税の実効税率が約30%であることを考えると、役員退職慰労金の支払いによる節税効果は大きい**といえます。

（2）株式譲渡スキームとの組み合わせ

　前述のように、その他利益剰余金が多額にあるオーナー企業を買収する場合には、オーナーにおいて、配当所得として取り扱われるよりも、譲渡所得として取り扱われるほうが、税負担が小さくなることから、買収手法として株式譲渡方式を採用することが少なくありません。

　さらに、単純に株式を購入するのではなく、役員退職慰労金の支払いと組み合わせるという手法が考えられます。たとえば、30億円の株式買収の手法を変更し、被買収会社が2億円の役員退職慰労金の支払いを行うことで、株式価値を28億円まで引き下げるという手法があります。

　この場合には、被買収会社において、過大役員退職慰労金に該当しない限り、原則として、損金の額に算入することができるという節税メリットがあります。

（3）過大役員退職慰労金

　法人税法上、役員退職慰労金のうち、不相当に高額なものについては、損金の額に算入することができません（法法34②）。また、適正な役員退職慰労金の金額については、実務上、**功績倍率法**により計算しているケースがほとんどです。

◆功績倍率法
　役員退職慰労金の適正額
　＝最終報酬月額×勤続年数（1年未満切上）×功績倍率＋功労加算金

マヤ

> オーナー社長は、最終報酬月額も高いし、勤続年数も長いから、役員退職慰労金も多額になることが多いんだろうね。

5 零細企業のM&A

　これに対し、零細企業のM&Aでは、事業譲渡方式または会社分割方式を採用するにしても、事業譲渡益（または会社分割益）と役員退職慰労金を相殺するというスキームが考えられます。とりわけ、零細企業のM&Aでは、営業利益の3年～5年分を営業権として取引されることが多く、役員退職慰労金を支払ってしまえば、事業譲渡益（または会社分割益）に対する課税が生じないことがほとんどです。

　そして、譲渡所得に比べて配当所得の税率が高いという問題についても、役員退職慰労金を支給し、配当所得を減少させ、退職所得を増加させることにより対応することができます。

サトウ先生

事業譲渡方式および会社分割方式では、役員退職慰労金から構成される繰越欠損金とセットで被買収会社株式を譲渡することができないため、繰越欠損金の節税効果を理由として、譲渡代金を増加させることはできなくなるという問題があります。そのほか、売り手側で、被買収会社を清算するためのコストを負担する必要があるという問題もあります。

しかしながら、ユウタの言うように、零細企業のM&Aでは、株式譲渡方式にこだわると、簿外債務の懸念から、M&Aが成立しなくなる可能性も否めません。

そのため、零細企業のM&Aでは、事業譲渡方式または会社分割方式が現実的である場合が多いと思われます。

一般論ですが、株式価値が5億円を下回るようなM&Aでは、事業譲渡または会社分割に伴う不動産取得税や登録免許税が多額に発生する場合を除き、事業譲渡方式または会社分割方式によるM&Aを行うべき事案がほとんどであると思われます。簿外債務の懸念がある一方で、表明保証条項や特別補償条項を付したとしても、譲渡価額が小さいことから、被買収会社株式を譲渡した旧オーナーに支払能力がないことが多いからです。

さらに、事業譲渡または会社分割の対象となる資産および負債を限定すれば、デューデリジェンスの負担も小さくなります。たとえば、売掛金を事業譲渡の対象から除外すれば、売掛金が間違っていたとしても、買収会社側からすればリスクはありません。

そう考えると、役員退職慰労金を支払ってから株式譲渡を行うという手法は、株式価値が5億円を超える会社だけがM&Aの対象となっていた時代では、有利な手法であったと思われますが、株式価値が5億円を下回る会社がM&Aの対象になるようになった時代では、それほど有利な手法ではなくなったということがいえます。

6 債務超過会社のM&A

さらに、実務上、被買収会社が債務超過である場合が考えられます。このような場合には、**解散の日の翌日**に事業譲渡または会社分割を行うことで、事業譲渡益（または会社分割益）と**特例欠損金（期限切れ欠損金）**を相殺することができます（第1節参照）。なぜなら、解散の日の翌日以降の事業年度では、残余財産がないと見込まれる場合に、特例欠損金の損金算入が認められているからです（法法59③）。

イ．前提条件

〈被買収会社の貸借対照表〉　　　　　　　　　（単位：百万円）

	税務簿価	時　価		税務簿価	時　価
資　産	800	800	負　債	950	950
資産調整勘定	0	200	役員借入金	300	300
			純資産※	△450	△250
合　計	800	1,000	合　計	800	1,000

〈純資産の内訳〉

	税務簿価	時　価
資本金	10	10
利益剰余金	△460	△260
純資産	△450	△250

　特例欠損金は、適用年度の前事業年度の法人税確定申告書に添付する別表五（一）「利益積立金額及び資本金等の額の計算に関する明細書」に記載されている金額を基礎に計算を行います（法基通12-3-2）。

　上記の事例では、適用年度の前事業年度の差引翌期首現在利益積立金額の合計額として記載されている金額が△460百万円であることから、繰越欠損金が60百万円である場合には、特例欠損金が400百万円となります。

　そして、時価総資産が1,000百万円であり、役員借入金以外の負債が950百万円であることから、役員借入金のうち、50百万円のみを回収することができます。

　その結果、事業譲渡益（または会社分割益）が200百万円発生し、債務免除益が250百万円発生しますが、繰越欠損金（60百万円）と特例欠損金（400百万円）の合計金額のほうが大きいことから、解散の日の翌日以降に事業譲渡または会社分割を行った場合には、事業譲渡益（または会社分割益）および債務免除益に対する課税は生じません。

サトウ先生

上記の事例において、繰越欠損金が600百万円である場合には、役員借入金のうち250百万円を放棄してもらってから買収することにより、350百万円の繰越欠損金を買い手側で利用できるように思えます。

しかし、一般的に、債務超過会社には簿外債務があることが多く、繰越欠損金の節税メリット以上のリスクを買い手側が負うことになりかねません。そして、M&Aの契約書に表明保証条項や特別補償条項を入れたとしても、売り手側に支払能力がない場合には、リスクヘッジになりません。

そのため、債務超過会社のM&Aでは、事業譲渡方式または会社分割方式を採用せざるを得ないことが多いでしょう。

7 おわりに

　このように、オーナー企業の M&A では、それなりの規模になる場合には株式譲渡方式が望ましく、零細企業であったり、債務超過会社であったりする場合には、事業譲渡方式または会社分割方式が望ましいといえます。

　ただし、本節では、最終的に、オーナーが M&A の代金を受け取ることを前提にしました。これに対し、オーナーが M&A の代金を受け取らず、被買収会社が受け取ったままにしておくという選択肢もあります。この点については、本章第 11 節で解説します。

チャレンジ！

被買収会社がストックオプション(新株予約権)を発行している場合において、当該ストックオプションに譲渡制限が付されているときは、原則として、付与時ではなく、権利行使時に給与所得等として課税されます(所法36②、所令84②)。

しかし、被買収会社の株式を取得する場合には、これらのストックオプションも買い取る必要があるため、譲渡制限を解除する必要があります。

このような譲渡制限を解除した場合、譲渡所得に該当するのでしょうか。それとも、給与所得等に該当するのでしょうか。考えてみましょう。

第 **11** 節

見たこともない大金だ

オーナー企業のM&Aと相続税対策

久保田社長が30億円くらいで会社が売れそうだと言っていたよ。すごい話だよね。でも、ずっと相続税対策を考えていた人だし、きっと、これから相続税対策の話になるんだろうね。

ユウタ

確かに、30億円の価値のある非上場株式を持っているのと、通帳に30億円の預金があるのとでは、金銭感覚も違ってくるだろうね。でもさ、そもそも相続税対策をするんだったら、久保田社長の個人口座に入金させないで、事業譲渡をして、会社の口座に入金させたって良いんじゃないかな。たしか、株式譲渡のほうが有利な理由って、譲渡所得のほうが配当所得よりも税率が低いからだろ（本章第10節参照）。配当をしなければ、そもそも配当所得だって発生しないんじゃないかな？

コウジ

法人税の授業で、同族会社等の留保金課税について学んだわ。本当なら留保金課税の対象になるけど、資本金が10百万円だから、適用除外になると思う。そうなると、コウジの言うように、事業譲渡でも良いような気がしてきたわ。

マヤ

三人とも、なかなか勘が鋭いですね。これは、2013〜2014年くらいから言われ始めた議論です。もともと、M&Aのコンサルティングを得意とする人たちは、あまり事業承継が得意ではありませんでした。そして、事業承継コンサルティングを得意とする人たちも、あまりM&Aが得意ではありませんでした。ここ数年で両者の垣根はなくなりつつあり、そのような中で、M&Aのストラクチャーを検討する段階で相続税対策を考えようという動きが出始めています。

サトウ先生

1 株式譲渡方式は本当に有利なのか（売り手側からの視点）

（1）基本的な問題点

本章第 10 節で解説したように、株式譲渡方式が有利である理由として、以下のものが挙げられます。

① 被買収会社が保有している資産に含み益があっても、当該**含み益が実現しない**ことから、被買収会社において法人税、住民税および事業税の負担が発生しない。

② 被買収会社の株主において生じる所得が**配当所得**ではなく、**譲渡所得**であることから、所得税および住民税の税率が安い。

③ 役員退職慰労金を支給し、被買収会社で**役員退職慰労金を損金の額に算入させる**ことにより、法人税、住民税および事業税の負担を軽減できる。

しかし、最近の実務では、これらの有利性についての疑問が指摘され始めています。その理由は、以下のとおりです。

◆① 被買収会社が保有している資産の含み益が実現しないというメリットは、以下のように、買収会社側のデメリットに繋がります。

● 含み益の原因がのれん（資産調整勘定）である場合
　買収会社側で、**資産調整勘定の償却**による節税メリットを享受することができません。

● 含み益の原因が土地である場合
　たとえば、被買収会社が保有している土地の帳簿価額が 500 百万円であり、時価が 3,000 百万円である場合において、将来、被買収会社の土地を 5,000 百万円で譲渡したときは、土地譲渡益が 2,000 百万円でなく、4,500 百万円になります。
　このように、買収会社側で、**土地の取得原価を引き上げることができない**というデメリットがあります。

　このような買収会社側のデメリットは、譲渡価額に影響を与える可能性があります。例えば、事業譲渡方式または会社分割方式の場合には、資産調整勘定を認識できるのに対し、株式譲渡方式の場合には、資産調整勘定を認識することができないということであれば、事業譲渡方式または会社分割方式を選択することにより、譲渡価額を引き上げることも可能になります。

ユウタ

> 買い手で資産調整勘定を認識できないんじゃあ、高く売れないんじゃないかな。

◆②被買収会社の株主において譲渡所得として分類できる、③役員退職慰労金により節税をすることができるというメリットに対しては、コウジとマヤの言うように、相続税対策の観点からは、以下の大きな問題があります。

●相続税評価額の計算上、現金預金よりも非上場株式のほうが相続税評価額を引き下げやすい。

　オーナーが現金預金を保有するのではなく、非上場会社で現金預金を保有している場合には、相続税評価額の計算上、非上場株式として評価を行います。

　純資産価額方式による評価額よりも類似業種比準方式、折衷方式による評価額のほうが低い場合には、事業譲渡または会社分割により被買収会社が取得した譲渡代金を被買収会社の株主に分配しないほうが相続税対策の観点からは望ましいといえます。

●平成30年度税制改正により、事業承継税制が使いやすくなった。

　一定の要件を満たせば、非上場株式には事業承継税制を適用することができるのに対し、被相続人が保有していた現金預金には事業承継税制を適用することができません。そのため、株式譲渡方式では事業承継税制を適用することができませんが、

事業譲渡方式または会社分割方式の場合には、被買収会社が取得した**譲渡代金を事業承継税制の対象にする**ことができます。

　ただし、一般的に被買収会社が資産保有型会社に該当してしまうことが多いため（第5節参照）、親族外従業員が5人以上である必要があります。

コウジ

> ベンチャー企業がM&Aの代金を再投資する場合にも、被買収会社に譲渡代金を入金させたいケースがあるような気がするな。

（2）有利不利判定

　このように、被買収会社の株主ではなく、被買収会社に譲渡代金が入金される方法（事業譲渡、会社分割）のほうが、相続税対策の観点からは有利性が高いといえます。

　その結果、事業譲渡または会社分割により被買収会社が受け取った譲渡代金を被買収会社の株主に分配させないことにより、被買収会社の株主において所得を発生させないことが可能になります。この場合には、そもそも所得が発生しないことから、配当所得のほうが有利なのか、譲渡所得のほうが有利なのかという議論は生じません。そうなると、本章第10節で解説した有利不利判定は、以下のように結論が変わってしまいます。

イ．法人税、住民税、事業税および所得税の課税関係

〈売り手側の税負担〉

	株式譲渡方式	事業譲渡方式
被買収会社	株主が変わるだけなので、課税関係は発生しない。	事業譲渡益が6,000百万円発生する。 ⇒実効税率が30％なので、税負担は以下のとおり。 　　6,000百万円×30％ 　　＝1,800百万円の課税
被買収会社の株主	【譲渡所得として分離課税】 　譲渡所得に対する課税 　＝（譲渡価額－譲渡原価）×20.315％ 　＝（9,000百万円－450百万円）×20.315％ 　＝1,736百万円	被買収会社の株主に財産が分配されないため、この時点では、何ら課税関係は生じない。
合　計	税負担　1,736百万円	税負担　1,800百万円

※資本金が1億円以下の中小法人に対しては、大法人の子会社であるような特殊なケースを除き、同族会社等の留保金課税*1 は課されません（法法67①）。そのため、事業譲渡方式または会社分割方式により被買収会社に利益が留保されたとしても留保金課税の対象にはなりません。

*1　同族会社が利益を配当せずに、会社に留保することで、株主における所得税を回避するという行為に対して、同族会社等の留保金課税が規定されています。

〈買い手側の税負担〉

	株式譲渡方式	事業譲渡方式
買収会社	単なる株式の取得なので、課税関係は発生しない。	
事業譲渡法人		資産調整勘定6,000百万円を認識したことにより、将来の課税負担が圧縮される。 ⇒実効税率が30％なので、税負担の軽減は以下のとおり。 　　6,000百万円×30％ 　　＝1,800百万円の税負担の軽減
合　計	税負担　0百万円	税負担　△1,800百万円

〈合　計〉

	株式譲渡方式	事業譲渡方式	有利不利判定
売り手側	1,736百万円	1,800百万円	株式譲渡方式が有利
買い手側	0百万円	△1,800百万円	事業譲渡方式が有利
合　計	1,736百万円	0百万円	事業譲渡方式が有利

*2　ただし、事業譲渡方式を採用した場合における不動産取得税、登録免許税の負担が多額である場合には、株式譲渡方式を採用するということも考えられるので、実務上は、様々な事情を考慮したうえで、総合的な検討が必要になります。

ロ. 総　括

　このように、売り手側ではそれほど有利不利は変わらないものの、全体からすると事業譲渡方式が有利であるという結論になりました。

　ここで注目して頂きたいのは、株式譲渡方式における譲渡原価が450百万円（実際の取得費は100百万円）であり、事業譲渡方式における譲渡原価が3,000百万円であるという点です。**利益剰余金に相当する部分の金額**だけ、事業譲渡方式における譲渡原価のほうが大きくなっていることがわかります。

　そのため、税率だけを考えると法人税率よりも譲渡所得税率のほうが安いものの、税額そのものはほとんど変わらないという結論になっています。もちろん、前提条件の数値が異なれば、結論も変わってくるため、売り手にとって、株式譲渡方式が有利な場合もあるでしょうし、事業譲渡方式が有利な場合もあるでしょう。

　しかし、全体からすれば、いずれにしても事業譲渡方式の方が有利であるという結論になるため、買い手側における資産調整勘定の償却メリットを考慮したうえで譲渡価額を調整すれば、売り手側にとっても事業譲渡方式が有利になります*2。

マヤ

株式譲渡方式で発生する譲渡所得のほうが税率が安いけど、事業譲渡方式で発生する事業譲渡益のほうが小さいから、どちらが有利なのかは、ケース・バイ・ケースってことだね。

2 株式譲渡方式は本当に有利なのか（買い手側からの視点）

（1）税務上の観点

　前述のように、事業譲渡方式または会社分割方式の場合には、買い手側に、資産調整勘定の償却メリットがあります。さらに、含み益の原因が不動産である場合であっても、当該不動産の取得原価が時価まで引き上げられるため、転売時の譲渡益を圧縮することができるというメリットがあります。

　ただし、事業譲渡方式および会社分割方式は、株式譲渡方式と異なり、事業譲渡または会社分割の対象となる資産に不動産が含まれている場合には、当該不動産に対する不動産取得税および登録免許税が課されるという問題があります。なお、第1章第13節で解説したように、会社分割方式を採用した場合には、不動産取得税の非課税要件を満たせば、不動産取得税は課されませんが、それでも登録免許税は課されてしまいます。

（2）法務上の観点

　法務の観点から考えると、株式譲渡方式は、被買収会社が保有していた許認可、免許、契約関係をそのまま引き継ぐことができるのに対し、事業譲渡方式は、これらを取り直す必要があるという違いがあります。

　一見すると、株式譲渡方式は、手間がかからない有利な方法であるように思えますが、過去の**簿外債務**まで引き継がざるを得ないため、デメリットになることも少なくありません。

サトウ先生

実務上、中小企業を対象とした M&A では、デューデリジェンスのコストが見合わないという問題があります。そのため、デューデリジェンスをするまでもなく、簿外債務が懸念される場合には、事業譲渡方式または会社分割方式を選択することがあります。事業譲渡方式または会社分割方式であれば、簿外債務を引き継がないことができるからです（本章第 10 節参照）。

それだけでなく、事業譲渡や会社分割で引き受ける資産および負債を限定すれば、デューデリジェンスのための工数はかなり限定されます（本章第 10 節参照）。

このように、事業譲渡方式または会社分割方式を採用することにより、デューデリジェンスのコストを軽減するとともに、簿外債務を遮断することができるため、買い手側にとっては、不動産取得税および登録免許税の負担が多額でない限り、事業譲渡方式または会社分割方式のほうが望ましいことが多いと思われます。

3 おわりに

このように、相続税対策を考えると、本章第 10 節とは異なり、それなりの株式価値があったとしても、事業譲渡方式または会社分割方式が望ましいといえます。

M&A のストラクチャーの検討では、売り手側の相続税対策まで含めて検討する必要があると考えられます。

チャレンジ!

被買収会社株式の相続税評価額が3億円であるのに対し、実際の譲渡価額が10億円である場合において、相続税評価額で子供に被買収会社株式を贈与または譲渡した後に、株式譲渡方式によりM&Aを行うという手法が考えられます。

子供が3億円で被買収会社株式を取得した後に、10億円で転売すれば、差額の7億円から譲渡所得に対する税金（約1.4億円）を控除した約5.6億円を実質的に子供に生前贈与することが可能になるからです。

では、このような手法が租税回避として否認される可能性があるか、考えてみましょう。

第12節 方向性の違いから

他の内国法人の子会社に対するM&A

マヤ

新保社長が、上場会社の子会社を買収するらしいよ。どうも、親会社の事業戦略に合わないということで、売りに出したらしい。新保社長としても、かなり大きな買収になるから、毎日のように、サトウ先生のところに連絡が来ているみたい。新保社長は、のれんの償却メリットが欲しいみたいだけど、そんなことは可能なのかな？

たしか、事業譲渡方式か、会社分割方式だったら、のれんの償却メリットを享受することはできたよね（本章第10節、第11節参照）。でも、売り手で譲渡益が発生してしまうから、売り手は嫌がるかもしれないな。

コウジ

ユウタ

でもさ、株式譲渡方式を採用したって、株主で譲渡益が発生してしまうじゃないか。そう考えたら、事業譲渡方式や会社分割方式であっても、売り手は嫌がらないかもしれないよ。

本章第10節と異なり、被買収会社の株主が内国法人である場合には、株主における課税が所得税ではなく、法人税であるという違いがあります。さらに、上場会社の子会社を買収するような案件だと、本章第11節と異なり、売り手の相続税対策を考慮する必要がありません。

このように、被買収会社の株主が、個人ではなく、法人である場合には、異なる視点から検討が必要になります。

コウジの言うように、事業譲渡方式または会社分割方式であれば、のれんの償却メリットを享受することができます。いずれも時価で資産および負債を引き継ぐ手法だからです。そして、ユウタの言うように、株式譲渡方式の場合には、株式譲渡益が発生しますが、所得税のように、特段、安い税率になるというわけではありません。

サトウ先生

1 受取配当等の益金不算入

内国法人が他の内国法人から配当金を受領した場合には、**受取配当等の益金不算入**の適用があります。ここでいう「益金不算入」とは、収益から除外して、法人税の課税所得の計算を行うという意味です。他の内国法人で課税済みである利益剰余金からの分配であることから、二重課税を回避する目的で設けられています。

【受取配当等の益金不算入】

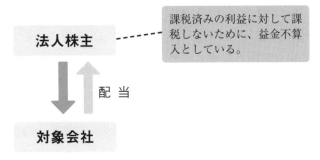

しかし、100％子会社からの配当であればともかくとして、それ以外の場合には、受取配当金に対応する負債利子が発生していると考えられることや、株式譲渡益と区別して課税関係を成立させる必要もないものもあるため、以下のように分けて計算を行う必要があります。

〈**完全子法人株式**[*1]〉

受取配当金の全額が益金不算入額となる。

〈**関連法人株式**[*2]〉

受取配当金－控除負債利子[*3] ＝ 益金不算入額

$$控除負債利子 ＝ 支払利子 × \frac{関連法人株式等の帳簿価額}{総資産価額}$$

*1 配当等の額の計算期間を通じて、内国法人との間に完全支配関係があった他の内国法人の株式をいいます(法法23⑤、法令22の2)。なお、持分会社に対する出資についても同様に取り扱われます。

*2 内国法人が他の内国法人の発行済株式総数の3分の1を超える数の株式を配当等の額の計算期間を通じて、引き続き有している場合における当該株式をいいます(法法23⑥、法令22の3)。なお、持分会社に対する出資についても同様に取り扱われます。

*3 2020年度税制改正により、2022年4月1日以後に開始する事業年度からは、控除負債利子の金額が関連法人株式等に係る配当等の額の100分の4に相当する金額になりました。ただし、その事業年度において支払う負債利子額の10分の1に相当する金額が上限とされています。

〈それ以外の株式〉

受取配当金 × 50％ ＝ 益金不算入額

〈非支配目的株式[*4]〉

受取配当金 × 20％ ＝ 益金不算入額

*4　内国法人が他の内国法人の発行済株式総数の100分の5以下に相当する数の株式を配当の額の支払いに係る基準日において有する場合における当該株式をいいます（法法23⑦、法令22の3の2）。なお、持分会社に対する出資についても同様に取り扱われます。

✕ 失敗事例 ✕

　前述のように、内国法人が他の内国法人から配当金を受け取った場合には、法人税法上、受取配当等の益金不算入の適用を受けることができます。

　しかし、同族会社等の留保金課税の適用を受ける場合には、受取配当等の益金不算入を適用する前の所得を基礎に留保金額の計算を行うこととされているため（法法67③二）、受取配当金が留保金課税の対象になったという失敗事例があります。

　なお、資本金が１億円以下の中小法人は、大法人の子会社であるような特殊なケースを除き、同族会社等の留保金課税の対象になりません。そのため、実務上、同族会社等の留保金課税の適用を受ける法人が少ないことから、見落としがちな論点ですので、留意が必要です。

---

❷ のれんのある会社の買収

　本章第10節と同様に、ここでは最も単純な M&A の目的である「すべての資産および負債を買収会社に譲渡する」場合について解説します。なお、本節では、単純化のために、グループ通算制度（または連結納税制度）を採用していないことを前提としています。

　イ．前提条件

〈被買収会社の貸借対照表〉　　　　　　　　（単位：百万円）

	税務簿価	時　価		税務簿価	時　価
資　産	11,000	11,000	負　債	8,000	8,000
資産調整勘定	0	6,000	純資産※	3,000	9,000
合　計	11,000	17,000	合　計	11,000	17,000

※純資産の内訳

	税務簿価	時　価
資本金	50	50
資本準備金	50	50
利益剰余金	2,900	8,900
純資産	3,000	9,000

- ・　被買収会社の株主は法人株主1人（日本の内国法人）
- ・　被買収会社の株主が保有する被買収会社株式の帳簿価額は
  100百万円
- ・　被買収会社株式の譲渡価額は9,000百万円
- ・　被買収会社の株主は、被買収会社の発行済株式のすべてを保
  有しているため、控除負債利子の計算を行わず、受取配当金の
  全額に対して、受取配当等の益金不算入を適用することができ
  る（法法23①⑤）。

ロ．法人税、住民税および事業税の課税関係

〈被買収会社側の税負担〉

	株式譲渡方式	事業譲渡方式
被買収会社	株主が変わるだけなので、課税関係は発生しない。	事業譲渡益が6,000百万円発生する。 ⇒実効税率が30％なので、税負担は以下のとおり。 　6,000百万円×30％ 　＝1,800百万円の課税
被買収会社の株主	株式譲渡益について課税される。 ⇒実効税率が30％なので、税負担は以下のとおり。 　（譲渡価額－譲渡原価）×30％ 　＝（9,000百万円－100百万円）×30％ 　＝2,670百万円	受取配当等の益金不算入により課税されない。
合　計	税負担　2,670百万円	税負担　1,800百万円

〈買収会社側の税負担〉

	株式譲渡方式	事業譲渡方式
買収会社	単なる株式の取得なので、課税関係は発生しない。	
事業譲受法人		資産調整勘定6,000百万円を認識したことにより、将来の課税負担が圧縮される。 ⇒実効税率が30%なので、税負担の軽減は以下のとおり。 　6,000百万円×30% 　＝1,800百万円の税負担の軽減
合　計	税負担　0百万円	税負担　△1,800百万円

〈合　計〉

	株式譲渡方式	事業譲渡方式	有利不利判定
被買収会社側	2,670百万円	1,800百万円	事業譲渡方式が有利
買収会社側	0百万円	△1,800百万円	事業譲渡方式が有利
合　計	2,670百万円	0百万円	事業譲渡方式が有利

　このように、事業譲渡方式の場合には、被買収会社では課税されますが、被買収会社の株主では、受取配当等の益金不算入により課税されていません。そのため、ユウタの言うように、株式譲渡方式であれば、被買収会社の株主において株式譲渡益として課税され、事業譲渡方式であれば、被買収会社において事業譲渡益として課税されるので、**いずれの手法でも課税される**ということになります。

　いずれの手法でも被買収会社側で課税されるにもかかわらず、事業譲渡方式だけが買収会社側において**資産調整勘定**を認識することができるため、事業譲渡方式のほうが有利な結果になっています[5]。

　しかし、実務上は、不動産取得税、登録免許税および消費税などの流通税を含めた総合的な判定が必要になります（第1章第13節参照）。

＊5　このような株式譲渡益課税を逃れ、受取配当等の益金不算入を適用するスキームは、受取配当等の益金不算入が二重課税の排除を目的とした規定であることから、その制度趣旨の範囲内で行われているものであれば、租税回避には該当しないと考えられます。

3 不動産に含み益がある会社の買収

　ここでは、含み益の原因が不動産であるケースについて解説します。含み益の原因が不動産である場合には、のれん（資産調整勘定）と異なり、買い手で償却メリットを享受することができないという違いがあります。具体的には以下の事例をご参照ください。

イ. 前提条件

〈被買収会社の貸借対照表〉　　　　　　　　　　（単位：百万円）

	税務簿価	時　価		税務簿価	時　価
資　産	10,000	10,000	負　債	8,000	8,000
不動産	1,000	7,000	純資産※	3,000	9,000
合　計	11,000	17,000	合　計	11,000	17,000

※純資産の内訳

	税務簿価	時　価
資本金	50	50
資本準備金	50	50
利益剰余金	2,900	8,900
純資産	3,000	9,000

- 被買収会社の株主は法人株主１人（日本の内国法人）
- 被買収会社の株主が保有する被買収会社株式の帳簿価額は100百万円
- 被買収会社株式の譲渡価額は9,000百万円
- 被買収会社の株主は、被買収会社の発行済株式のすべてを保有しているため、控除負債利子の計算を行わず、受取配当金の全額に対して、受取配当等の益金不算入を適用することができる（法法23①⑤）。
- 買収会社では、被買収会社が保有している不動産を譲渡する予定はない。

ロ. 法人税、住民税および事業税の課税関係

〈被買収会社側の税負担〉

	株式譲渡方式	事業譲渡方式
被買収会社	株主が変わるだけなので、課税関係は発生しない。	事業譲渡益が6,000百万円発生する。 ⇒実効税率が30％なので、税負担は以下のとおり。 　6,000百万円×30％ 　＝1,800百万円の課税
被買収会社の株主	株式譲渡益について課税される。 ⇒実効税率が30％なので、税負担は以下のとおり。 　（譲渡価額－譲渡原価）×30％ 　＝（9,000百万円－100百万円）×30％ 　＝2,670百万円	受取配当等の益金不算入により課税されない。
合　計	税負担　2,670百万円	税負担　1,800百万円

〈買収会社側の税負担〉

	株式譲渡方式	事業譲渡方式
買収会社	単なる株式の取得なので、課税関係は発生しない。	
事業譲受法人		不動産を譲渡する予定がないことから、事業譲受法人において、節税メリットがないと仮定する。
合　計	税負担　0百万円	税負担　0百万円

〈合　計〉

	株式譲渡方式	事業譲渡方式	有利不利判定
被買収会社側	2,670百万円	1,800百万円	事業譲渡方式が有利
買収会社側	0百万円	0百万円	有利不利なし
合　計	2,670百万円	△1,800百万円	事業譲渡方式が有利

　このように、被買収会社の含み益の原因が資産調整勘定（のれん）ではなく、不動産であったとしても、事業譲渡方式のほうが有利になりました。

　これは、事業譲渡方式の場合には、被買収会社が保有している資産の含み益だけが課税されるのに対し、株式譲渡方式の場合には、

被買収会社における**課税済みの利益**である利益剰余金（2,900百万円）に相当する金額に対しても課税されてしまうことから、870百万円（2,900百万円 × 30%）の税負担の追加が発生するからです。

サトウ先生

含み益の原因が土地である場合であっても、株式譲渡方式であれば、土地の取得価額が1,000百万円であるのに対し、事業譲渡方式であれば、土地の取得価額が7,000百万円に引き上げられる効果をどのように考えるのかが問題になります。

買収会社において、被買収会社が保有している不動産を譲渡する予定はなかったとしても、譲渡する可能性が少しでもある場合には、将来、不動産を譲渡した場合の課税上の取扱いを考慮せざるを得ないからです。

このような場合には、事業譲渡方式により、事業譲受法人で土地の取得価額を引き上げることができるメリットも考慮する必要があります。

4 株式譲渡前に多額の配当を行う手法

（1）株式譲渡方式と配当後株式譲渡方式との比較

前述のように、事業譲渡方式のほうが有利であったのは、被買収会社の株主で発生する株式譲渡益をみなし配当へ振り替えることができるからです。

そのため、類似の効果を出すために、株式譲渡前に、被買収会社が分配可能額の全額を配当することで株式譲渡益を圧縮し、受取配当金へ振り替えるという手法も一般的に行われています。

前述❷「のれんのある会社の買収」の前提条件において、配当をせずに株式を譲渡した場合と分配可能額の全額（2,900百万円）を配当した後に株式を譲渡した場合の税務上の影響額について比較すると以下のとおりです。

イ．法人税、住民税および事業税の課税関係

〈**被買収会社側の税負担**〉

	株式譲渡方式（配当なし）	株式譲渡方式（配当あり）
被買収会社	株主が変わるだけなので、課税関係は発生しない。	同左
被買収会社の株主	株式譲渡益について課税される。 ⇒実効税率が30％なので、税負担は以下のとおり。 （譲渡価額－譲渡原価）×30％ ＝（9,000百万円－100百万円）×30％ ＝2,670百万円	左記のうち、2,900百万円について、受取配当等の益金不算入の適用を受ける。 したがって、税負担は以下のとおり。 （譲渡価額－譲渡原価）×30％ ＝（9,000百万円－2,900百万円 －100百万円）×30％ ＝1,800百万円
合　計	税負担　2,670百万円	税負担　1,800百万円

〈**買収会社側の税負担**〉

	株式譲渡方式（配当なし）	株式譲渡方式（配当あり）
買収会社	単なる株式の取得なので、課税関係は発生しない。	同左
合　計	税負担　0百万円	税負担　0百万円

〈**合　計**〉

	株式譲渡方式	事業譲渡方式	有利不利判定
被買収会社側	2,670百万円	1,800百万円	配当をしたほうが有利
買収会社側	0百万円	0百万円	有利不利なし
合　計	2,670百万円	1,800百万円	配当をしたほうが有利

ロ．総　括

　このように、株式を譲渡する前にその他利益剰余金の配当をさせたほうが、法人税、住民税および事業税の負担が少ないということがいえます。

> 許認可の関係で事業譲渡ができない場合や不動産取得税、登録免許税の負担が大きい場合には、配当後株式譲渡方式はメリットがあるのかもしれないね。

コウジ

（2）配当後株式譲渡方式と事業譲渡方式との比較

　上記のとおり、同じ株式譲渡方式であっても、事前に配当を行うことにより課税所得を圧縮することができます。

　ここではさらに、配当した後に株式を譲渡する方式と事業譲渡方式を比較します。

イ．法人税、住民税および事業税の課税関係

〈被買収会社側の税負担〉

	株式譲渡方式	事業譲渡方式
被買収会社	株主が変わるだけなので、課税関係は発生しない。	事業譲渡益が6,000百万円発生する。 ⇒実効税率が30％なので、税負担は以下のとおり。 　6,000百万円×30％ 　＝1,800百万円の課税
被買収会社の株主	株式譲渡益について課税される。 ⇒実効税率が30％なので、税負担は以下のとおり。 （譲渡価額－譲渡原価）×30％ ＝（9,000百万円－2,900百万円 　－100百万円）×30％ ＝1,800百万円	受取配当等の益金不算入により課税されない。
合　計	税負担　1,800百万円	税負担　1,800百万円

〈買収会社側の税負担〉

	株式譲渡方式	事業譲渡方式
買収会社	単なる株式の取得なので、課税関係は発生しない。	
事業譲受法人		資産調整勘定6,000百万円を認識したことにより、将来の課税負担が圧縮される。 ⇒実効税率が30%なので、税負担の軽減は以下のとおり。 6,000百万円×30% ＝1,800百万円の税負担の軽減
合　計	税負担　0百万円	税負担　△1,800百万円

〈合　計〉

	株式譲渡方式	事業譲渡方式	有利不利判定
被買収会社側	1,800百万円	1,800百万円	有利不利なし
買収会社側	0百万円	△1,800百万円	事業譲渡方式が有利
合　計	1,800百万円	0百万円	事業譲渡方式が有利

ロ. 結　論

　このように、**被買収会社において資産調整勘定の含み益がある**ということは、**被買収会社の株主が保有している被買収会社株式に含み益がある**ことを意味します。

　そして、株式譲渡方式では、未実現利益に相当する金額を配当することができません（1,800百万円＝6,000百万円×30%）。そのため、株式譲渡方式であったとしても、事業譲渡方式であったとしても、被買収会社側における税負担は変わりません。

　これに対し、事業譲渡方式では、被買収会社で資産調整勘定の含み益に対して課税されても、買収会社側で**資産調整勘定の償却による節税メリット**を享受することができます。そのため、事業譲渡方式のほうが有利であると考えられます。

　しかし、実務上は、不動産取得税、登録免許税および消費税などの流通税を含めた総合的な判定が必要になります（第1章第13節参照）。

✕ 失敗事例 ✕

　株式譲渡方式により株式を取得した後に1年以内に配当を行った場合には、「その元本を所有していた期間に対応するものとして計算される所得税の額」のみが所得税額控除の対象になるため、源泉所得税の一部を所得税額控除の対象にすることができません（法令 140 の2）。

　さらに、株式譲渡方式により株式を取得した後に1年以内に配当を行った場合には、受取配当等の益金不算入が適用できるかどうかの問題もあります。なぜなら、完全子法人株式に該当するためには、配当の計算期間を通じて完全支配関係があることが必要であり（法法 23 ⑤、法令 22 の2）、関連法人株式に該当するためには、配当の計算期間を通じて発行済株式総数の3分の1を超える数の株式を引き続き有していることが必要になるからです（法法 23 ⑥、法令 22 の3）。

　そのため、株式を取得してから1年以上を経過させてから配当をすることにより、受取配当金のほとんどを受取配当等の益金不算入の対象にするとともに、源泉所得税の全額を所得税額控除の対象にすることが一般的です。

5　おわりに

　このように、本章第 10 節と異なり、被買収会社の株主において受取配当等の益金不算入を適用することができることから、事業譲渡方式のほうが有利であるという結論になりました。

　M&A というと、組織再編税制を意識してしまいがちですが、受取配当等の益金不算入といった基礎的な内容が、ストラクチャーの設計に大きな影響を与えているということがわかります。

チャレンジ！

　本章第7節で解説したように、被買収会社がグループ通算制度に加入している場合には、帳簿価額修正を行うことにより、被買収会社の株主が保有している被買収会社株式の帳簿価額を当該被買収会社の簿価純資産価額に相当する金額に修正する必要があります。
　それでは、❷「のれんのある会社の買収」の事案において、帳簿価額修正の影響を加味した場合には、どのような影響が考えられるでしょうか。考えてみましょう。

お土産がついてきた

M&Aと繰越欠損金の利用

橋本社長が、どんどん不動産会社を買っていたよね（第1章第12節参照）。サトウ先生が欠損等法人の話をしたから、さすがに、不動産と繰越欠損金だけで、売上げもない会社を買うのは慎重になっているみたいだけど、今度は、繰越欠損金のある不動産賃貸業を買収しようとしているらしいよ。繰越欠損金だけが目的ではないんだろうけど、繰越欠損金を使って節税ができないかという話をしてくると思うんだ。

コウジ

確かに、橋本社長なら言ってきそうだね。でも、買収してから5年が経過していないと、みなし共同事業要件を満たさないといけないから、そんなに簡単に節税はできないと思うんだよね（第1章第5節参照）。

マヤ

いや、どうかな。繰越欠損金といっても、そのほとんどが買収時の役員退職慰労金らしいんだ。買収した時点で発生した繰越欠損金だし、おそらく、使おうと思えば使えるんじゃないかな？

ユウタ

第1章第5節で解説したように、支配関係が生じてから5年以内に合併をした場合には繰越欠損金の引継制限が課されています。ただし、みなし共同事業要件を満たすことができる場合には、繰越欠損金の引継制限が課されません。それ以外にも、被合併法人の時価純資産超過額が繰越欠損金を超えている場合の特例があります。

そして、繰越欠損金の引継制限を受ける場合であっても、すべての繰越欠損金に対して制限を受けるわけではありません。本節では、支配関係が生じてから5年以内の合併について解説します。

サトウ先生

1 みなし共同事業要件

（1）概　要

支配関係発生日から合併法人の合併事業年度開始の日までの期間が5年未満であっても、みなし共同事業要件を満たす場合には、繰越欠損金の引継制限・使用制限、特定資産譲渡等損失額の損金不算入は適用されません。

具体的に、みなし共同事業要件を満たすためには、以下の要件を満たす必要があります（法令112③⑩）。

　イ．事業関連性要件

　ロ．事業規模要件

　ハ．事業規模継続要件

　ニ．ロ、ハを満たさない場合には、特定役員引継要件

（2）事業関連性要件

吸収合併を行った場合において、事業関連性要件を満たすためには、被合併法人の被合併事業と合併法人の合併事業とが相互に関連する必要があります（法令112③一、⑩）。「相互に関連する」とは、シナジー効果があることを意味しますが、**シナジー効果のない会社を買収することは稀である**ため、実務上、事業関連性要件を満たせる案件がほとんどです。

コウジ

> 法律事務所に勤めている先輩に聞いたところ、ファンドが買い手になる場合には、SPC（買収目的会社）を作って、SPCが被買収会社株式を取得するケースが多いみたいだよ。
> SPCはペーパー会社だから、事業関連性要件は満たせないだろうね。

（3）事業規模要件

吸収合併を行った場合において、事業規模要件を満たすためには、被合併法人の被合併事業とそれに関連する合併法人の合併事業のそ

れぞれの売上金額、それぞれの従業者の数、被合併法人と合併法人
のそれぞれの資本金の額もしくはこれらに準ずるものの規模の割合
がおおむね 5 倍を超えないことが必要になります（法令 112 ③二、
⑩）。そして、売上金額、従業者の数、資本金の額およびこれらに
準ずるもののすべての規模の割合がおおむね 5 倍以内である必要
はなく、いずれか 1 つのみがおおむね 5 倍以内であれば事業規模
要件を満たすことができます（法基通 1-4-6（注））。

　中小企業の M&A では、「資本金の額」が重要になります。なぜ
なら、「資本金の額」とは、会社法上の資本金の額をいうため、**法
定準備金や剰余金は含まれない**からです。中小企業の M&A では、
簿価純資産価額が大きく異なるにもかかわらず、資本金の額の規模
の割合が 5 倍以内であることを理由として、事業規模要件を満た
してしまう事案がほとんどです。

マヤ

「簿価純資産価額」ではなく、「資本金の額」で事業規模を判定する
というのがポイントだね。

（4）事業規模継続要件

　吸収合併を行った場合における事業規模継続要件の具体的な内容
は以下のとおりです。

　イ．支配関係が発生した時と適格合併の直前の時における被合併
　　事業の規模の割合がおおむね 2 倍を超えないこと（法令 112 ③
　　三、⑩）

　ロ．支配関係が発生した時と適格合併の直前の時における合併事
　　業の規模の割合がおおむね 2 倍を超えないこと（法令 112 ③四、
　　⑩）

　第 1 章第 5 節で解説したように、事業規模継続要件で判定する
指標は、事業規模要件の判定で用いた指標に限られています。その
ため、資本金の額が事業規模要件と事業規模継続要件を満たすので

あれば、売上金額、従業者の数に対しては、事業規模継続要件は課されません。

前述のように、中小企業の M&A では、**資本金の額が5倍以内**であることを理由として事業規模要件を満たせることがほとんどです。そして、**資本金の額を変動させることは稀である**ため、事業規模継続要件も満たし、その結果、みなし共同事業要件も容易に満たせるという事案が多いと思われます。

M&A の税務って、難しいイメージがあるけど、中小企業同士の M&A なら、そんなことはなさそうだね。

ユウタ

（5）特定役員引継要件

吸収合併を行った場合において、特定役員引継要件を満たすためには、合併前の被合併法人の特定役員のいずれかと合併法人の特定役員のいずれかとが、合併後に合併法人の特定役員になることが見込まれていることが必要になります（法令112③五、⑩）。

そして、第1章第5節で解説したように、これらの特定役員は、支配関係発生日前*1 に、役員であった者に限定されています。

これに対し、中小企業の M&A では、被買収会社の代表取締役の退任を伴うことが多いため、**特定役員引継要件を満たすことは困難**です。そのため、実務上は、上記の事業規模要件および事業規模継続要件の検討を行うことがほとんどです。

*1 支配関係が設立により生じたものである場合には、同日。

2 時価純資産超過額または簿価純資産超過額がある場合の特例

第1章第5節で解説したように、時価純資産超過額*2 がある場合の特例、簿価純資産超過額が少額である場合の特例が認められています。

たとえば、被合併法人の繰越欠損金が3億円であり、時価純資産超過額が10億円である場合には、適格合併を行わなくても、被合併法人において自力で繰越欠損金や資産の含み損を利用できるこ

*2 時価純資産価額が簿価純資産価額を超える部分の金額。

とから、繰越欠損金の引継制限や特定資産譲渡等損失額の損金不算入が課されていません（法令113、123の9）。

＊3 財務省『平成29年度税制改正の解説』333頁（注3）参照。

かつては、時価純資産価額の算定において、のれんを含めることができるかどうかは議論がありましたが、現在では、**のれんを含めることができる**という解釈が通説となっています[*3]。そのため、**買収価額を基礎に被買収会社の時価純資産価額を算定する**ことにより、時価純資産超過額を引き上げることができます。

3 特定資産譲渡等損失からの除外

（1）繰越欠損金の引継制限・使用制限

第1章第5節で解説したように、繰越欠損金の引継制限・使用制限の対象になったとしても、以下の金額のみが制限を受けます（法法57③④）。

一　支配関係事業年度前の繰越欠損金のすべて

二　支配関係事業年度以後の繰越欠損金のうち特定資産譲渡等損失相当額

M&Aの実務では、買収前に生じた繰越欠損金と買収後に生じた繰越欠損金のうち特定資産譲渡等損失相当額が制限の対象になります。このうち、特定資産譲渡等損失相当額とは、特定資産譲渡等損失額の損金不算入（法法62の7①）の規定の例により計算した場合に、損金の額に算入することができない金額をいいます（法令112⑤一、⑪）。

そのため、実務上、買収後に生じた繰越欠損金のうち、**特定資産譲渡等損失相当額に該当しない**金額を把握することで、引継制限・使用制限の対象から除外される繰越欠損金を把握することが重要になります。

（2）特定資産譲渡等損失額の損金不算入

特定資産譲渡等損失額の損金不算入は、「特定資産」の「譲渡等」により生じた損失について制限されますが、特定資産から除外する

ことができれば、特定資産譲渡等損失額の損金不算入の対象から除外することができます。

　第1章第5節で解説したように、特定資産に含まれるものはかなり限定的なので、実務上、特定資産譲渡等損失額の損金不算入となるものはそれほど多くはありません。

4　おわりに

　このように、支配関係が生じてから5年を経過していない場合であっても、一定の要件を満たせば繰越欠損金を引き継ぐことができます。本節では、網羅性の観点から、時価純資産超過額がある場合の特例や特定資産譲渡等損失額からの除外についても解説しましたが、みなし共同事業要件を満たしていれば、これらを検討するまでもなく、繰越欠損金の引継制限・使用制限、特定資産譲渡等損失額の損金不算入は課されません。

　そのため、実務上は、みなし共同事業要件を満たすかどうかが最も重要であるという点に注意しましょう。

チャレンジ！　ユウタの言うように、被買収会社が3月決算法人である場合において、買収の日である×5年10月1日に役員退職慰労金を支払ったときは、役員退職慰労金から構成される繰越欠損金は、繰越欠損金の引継制限を回避できるのでしょうか。考えてみましょう。

第 **14** 節

一緒に譲渡してもらいましょう

M&Aとスクイーズアウト

ユウタ

石川社長が会社を売却したいと言っていたよ。でも、あの会社って、少数株主がたくさんいたよね。連絡の取れない人もいるし、一体どうやって会社を売るつもりなんだろう？

たぶん、石川社長がスクイーズアウトをしてから会社を売却するか、買い手が石川社長から株式を買い取ってからスクイーズアウトをするんじゃないかな。石川社長が70％くらい株式を保有しているし、株式併合でスクイーズアウトができるはずよ。

マヤ

コウジ

たしかにそうだよね。そうなると、いくらでスクイーズアウトをするのかが問題になるね。たしか、支配権価値を保証すべきだという話があったから（本章第9節参照）、1株当たりの譲渡価額は、石川社長と同じ金額になるんだろうね。

被買収会社に少数株主がいる場合には、マヤの言うように、スクイーズアウトの手法が考えられますが、旧支配株主が行う場合と新支配株主が行う場合の2つがあります。本節で解説する税務上の問題を無視すれば、反対株主が生じるリスクを考えると、旧支配株主がスクイーズアウトを行ってから株式を譲渡すべきだと思います。
そして、いくらでスクイーズアウトを行うのかという問題もあります。コウジの勘は鋭いですね。旧支配株主からの譲渡価額があることから、反証のない限り、当該譲渡価額を公正な価格とすべきです。そのため、石川社長が譲渡した1株当たりの譲渡価額でスクイーズアウトを行うべきと考えられます。

サトウ先生

❶ スクイーズアウトを行ってから株式を譲渡する場合

　実務上、被買収会社の株主が複数である場合には、買収会社からすれば、被買収会社の旧支配株主にスクイーズアウトさせた後に、当該被買収会社の株式を買い取りたいと考えていることがほとんどです。その理由は以下のとおりです。

- ●契約の相手先を限定したい。
- ●スクイーズアウトに伴う少数株主との争いの矢面に立ちたくない。

　そして、第1章第10節で解説したように、スクイーズアウトを行ってから株式を譲渡する場合には、以下のように取り扱われます。

◆旧支配株主が法人である場合

　スクイーズアウト後に、旧支配株主が被買収会社株式を譲渡してしまうと、**支配関係継続要件を満たすことができない**ため、税制適格要件を満たすことができません。そのため、被買収会社の保有する資産が時価評価課税の対象になります（法法62の9）。

◆旧支配株主が個人である場合

　株式交換等・移転税制の対象となるスクイーズアウトは、**支配株主が法人である場合に限定されている**ため、このような問題は生じません。

旧支配株主が法人である場合において、被買収会社が保有している資産に含み損があるときは、スクイーズアウトをしてから株式を譲渡することにより、資産の含み損を実現させることができます。これに対し、含み益がある場合には、資産の含み益が実現してしまうという問題があります。

なお、第 1 章第 10 節で解説したように、帳簿価額が 1,000 万円に満たない資産は時価評価の対象から除外されています。営業権（のれん）に含み益があったとしても、帳簿価額が 0 円であることが多いため、営業権は時価評価の対象にはなりません。

サトウ先生

❷ 株式を購入してからスクイーズアウトを行う場合

第 1 章第 10 節で解説したように、株式を購入してからスクイーズアウトをする場合には、従業者従事要件、事業継続要件を満たせば、容易に税制適格要件を満たすことができます。理由は以下のとおりです。

● スクイーズアウトにより金銭等を交付したとしても、**金銭等不交付要件**に抵触しません。

● 会社法上、スクイーズアウトの前に、買収会社が被買収会社の発行済株式総数の 3 分の 2 以上（株式等売渡請求の場合には 90％以上）を取得する必要があります。その結果、法人税法上、スクイーズアウトの直前で支配関係の判定をするため（第 1 章第 4 節参照）、**支配関係内のスクイーズアウト**に該当します。

このように、法人が被買収会社株式を購入してから、スクイーズアウトをする場合には、時価評価課税が問題になることはほとんどありません。

そして、個人が被買収会社株式を購入してからスクイーズアウトをする場合には、そもそも株式交換等・移転税制の対象となるスクイーズアウトは、支配株主が法人である場合に限定されていることから、時価評価課税の問題は生じません。

3　スクイーズアウトを行ってから逆さ合併をする場合

　平成 31 年（2019 年）改正前法人税法では、買収会社が旧支配株主から株式を買い取り、その後、スクイーズアウトをした後に、買収会社を被合併法人とし、被買収会社を合併法人とする適格合併を行うことが見込まれているときは、支配関係継続要件を満たすことができないという問題がありました。

　しかし、平成 31 年度税制改正により、①買収会社を被合併法人とし、被買収会社を合併法人とする適格合併、②被買収会社を被合併法人とし、買収会社を合併法人とする適格合併のいずれであっても、スクイーズアウトにおける税制適格要件の判定上、支配関係継続要件に抵触しないようになりました。

【買収会社を被合併法人、被買収会社を合併法人とする適格合併が見込まれている場合】

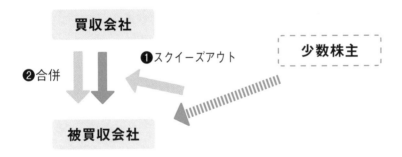

【買収会社を合併法人、被買収会社を被合併法人とする適格合併が見込まれている場合】

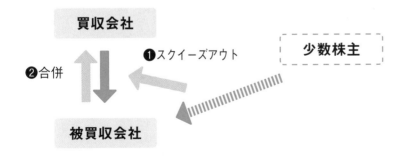

253

4 おわりに

　このように、旧支配株主が法人である場合には、旧支配株主がスクイーズアウトをするのか、新支配株主がスクイーズアウトをするのかで、それぞれ税制適格要件の判定が異なります。そのため、被買収会社の保有する資産に多額の含み損益がある場合には、旧支配株主と新支配株主のいずれがスクイーズアウトをするのかについて、慎重に検討する必要があります。

チャレンジ!

　事業会社であるＡ社を買収するために、持株会社であるＰ社の発行済株式総数の90％を取得してからスクイーズアウトを行うことを予定しています。

　しかしながら、持株会社Ｐ社には、従業者および事業が存在しないことから、従業者従事要件および事業継続要件を満たすことができません。このような場合、どのようにすれば、時価評価課税の対象から除外することができるのでしょうか。考えてみましょう。

【持株会社のスクイーズアウト】

少数株主　　　　　　　　　　　　　　　　　　支配株主

スクイーズアウト

持株会社

事業会社

借金の重さに耐えられず

不動産M&A

マヤ

大野社長が不動産を売りたい、って言っていたよ。普通の飲食店だと思ったら、銀座の一等地に不動産を持っていたのね。帳簿価額が小さかったから、全然、気が付かなかったわ。

大野社長の相談はそこなんだよ。帳簿価額が小さいのに、すごい高い値段で売れるから、税金に頭を悩ませているみたい。あの会社って、銀座の不動産の担保価値が大きかったから簡単に資金調達ができていたけど、それを売ってしまうと資金調達もできないみたい。不動産を売って、借金が無くなればよいんだけど、真面目に税金を支払うと、それなりに借金が残ってしまうんだ。一体、どうすれば良いのだろう？

ユウタ

コウジ

そうなると、不動産じゃなくて、会社ごと売るしかないんじゃないかな。買い手が転売したときに課税されてしまうから、それでも良いという相手を探すしかないのかもしれないけど。

不動産の価値が高騰する時代には、こういった相談が増えてきます。不動産がすごく高い値段で売れるけれども、法人税の負担は何とか減らしたいという相談です。

一般的には、譲渡益と相殺できるだけの損金を発生させますが、なかなかそれができない会社も少なくありません。そうなると、コウジの言う手法が考えられます。このような手法を「不動産M&A」といいます。

不動産M&Aを行った場合における買い手側の繰越欠損金の議論のうち、欠損等法人については第1章第12節、合併による引継ぎについては本章第13節をそれぞれご参照ください。

サトウ先生

1 譲渡対象外の事業を時価で譲渡してから、不動産M&Aを行う手法

（1）不動産M&Aの概要

　実務上、譲渡対象外の事業を事業譲渡または会社分割で切り離してから株式を譲渡する手法が採用されることがあります。たとえば、飲食業を営んでいる法人が不動産賃貸業を営んでいる場合において、買収会社からすると不動産賃貸業のみを買収したいときに、**飲食業を切り離してから不動産賃貸業だけになった被買収会社株式を譲渡する**という方法が考えられます。

コウジ

> 不動産M&Aの手法は、不動産会社の株主が変わるだけで、不動産は譲渡されていないから、不動産取得税、登録免許税の負担が発生しないというメリットがありそうだね。

（2）譲渡対象外の事業を時価で譲渡してから株式を譲渡する手法

　事業譲渡または現金交付型分割により、譲渡対象外の事業を受皿会社に譲渡した後に、不動産賃貸業だけになった被買収会社株式を譲渡するという手法が考えられます。

　この手法を採用した場合には、事業譲渡または現金交付型分割の段階では、グループ法人税制が適用されて譲渡損益が繰り延べられるものの[*1]、被買収会社株式を譲渡した段階で完全支配関係が解消されるため、被買収会社で**譲渡対象外の事業に対する譲渡損益**が実現します。

　さらに、この手法では、受皿会社に移転した不動産に対する不動産取得税が課されてしまいます。事業譲渡ではなく、現金交付型分割を採用したとしても、不動産取得税の非課税要件において、**金銭等不交付要件**が課されているからです。（第1章第13節参照）。

*1　完全支配関係のある内国法人間で資産を譲渡した場合には、譲渡損益が繰り延べられます（法法61の13）。そして、譲受法人において、当該資産の譲渡、償却、評価換え、貸倒れ、除却その他これらに類する事由が生じる場合、譲渡法人と譲受法人との間の完全支配関係が消滅する場合、または譲渡法人がグループ通算制度（連結納税制度）の開始、加入または離脱に伴う時価評価課税の適用を受ける場合まで、譲渡法人において、譲渡損益を繰り延べ、これらの事由が生じたときに譲渡損益が実現します。

【現金交付型分割後の株式譲渡】

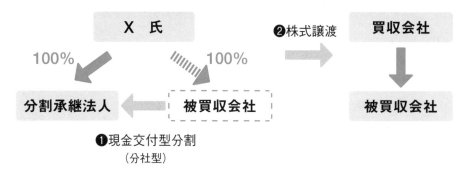

これに対し、株式交付型分割（分社型）を行った後に、分割承継法人株式を支配株主に譲渡し、分割法人株式（被買収会社株式）を買収会社に譲渡する方法であれば、**金銭等不交付要件に抵触しない**ことから、他の要件を満たせば、不動産取得税の非課税要件を満たすことができます。

【分社型分割後の株式譲渡】

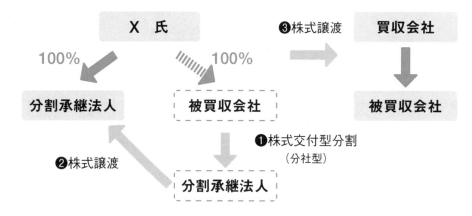

サトウ先生

分社型分割を行った場合の税制適格要件の判定上、分割法人と分割承継法人との間に同一の者による完全支配関係または支配関係が継続することが要求されていることから（法令4の3⑥ニロ、ハ（2）、⑦二）、分割法人株式を譲渡することが見込まれている場合には、完全支配関係内の適格分社型分割および支配関係内の適格分社型分割にそれぞれ該当しません。

そのため、株式交付型分割（分社型）を行った後に、分割承継法人株式を支配株主に譲渡し、分割法人株式（被買収会社株式）を買収会社に譲渡する方法を採用した場合には、非適格分社型分割として取り扱われます。

その結果、不動産取得税の非課税要件を満たしつつ、非適格分社型分割として譲渡損益を実現することができます。

② 譲渡対象外の事業を簿価で譲渡してから、不動産M&Aを行う手法

　前述のように、譲渡対象外の事業を事業譲渡または会社分割により時価で譲渡してから株式を譲渡する手法が採用されることがあります。しかし、譲渡対象外の事業に含み益がある場合には、当該譲渡対象外の事業を譲渡した時点で譲渡益が生じてしまいます。このような場合には、譲渡対象外の事業を適格分割により簿価で譲渡したいというニーズがあります。

　そして、分割型分割を行った場合には、**同一の者と分割承継法人との間に**当該同一の者による完全支配関係または支配関係が継続することが要求されるに留まり、分割法人に対する完全支配関係または支配関係が継続することは要求されていません（法令4の3⑥ニイ、ハ（1）、⑦二）。

　このように、分割型分割を行った後に、分割法人株式（被買収会社株式）を譲渡したとしても、支配関係継続要件に抵触しないことから、容易に、適格分割型分割に該当させることができます。その結果、分社型分割ではなく、分割型分割を行うことにより、譲渡対象外の事業を簿価で譲渡してから不動産M&Aを行うことができるのです。

【適格分割型分割を利用した M&A 手法】

ユウタ

> そういえば、この前の事案では、譲渡対象外の事業に含まれていた
> 保険積立金の含み益がすごいことになっていたぞ。
> こういう場合には、適格分割型分割のニーズがありそうだね。

✕ 失敗事例 ✕

　不動産Ｍ＆Ａの手法については、①譲渡対象外の事業を時価で譲渡する手法と②譲渡対象外の事業を簿価で譲渡する手法の２つが認められています。そのため、譲渡対象外の事業に含み益があるのか、含み損があるのかという点だけを検討してしまったという失敗事例があります。

　すなわち、不動産Ｍ＆Ａによる手法は、被買収会社株式を被買収会社の株主が譲渡することから、被買収会社の株主において株式譲渡損益が発生します。さらに、①譲渡対象外の事業を時価で譲渡する手法を採用した場合には、被買収会社が切り離した譲渡対象外の事業に係る譲渡代金が被買収会社に入金されるため、被買収会社株式の時価は変わりません。これに対し、②譲渡対象外の事業を簿価で譲渡する手法を採用した場合には、被買収会社の株主に対して分割承継法人株式が交付されるため、被買収会社株式（分割法人株式）の時価が引き下げられます。その結果、②譲渡対象外の事業を簿価で譲渡する手法を採用したほうが被買収会社の株主における株式譲渡損益が小さくなります。

　さらに、単純に不動産を譲渡する手法を採用した場合には、譲渡対象である不動産に係る不動産取得税および登録免許税が課されるのに対し、譲渡対象外の事業を譲渡してから不動産Ｍ＆Ａを行う手法を採用した場合には、譲渡対象外の不動産に係る不動産取得税および登録免許税が課されるため、不動産取得税および登録免許税の金額

が変わってきます。

このように、M&Aの手法を検討する際には、被買収会社における法人税だけでなく、それ以外の税目についても検討する必要があるため、注意しましょう。

3 おわりに

不動産を譲渡する手法には、不動産をそのまま譲渡する手法、不動産を保有する会社の株式を譲渡する手法の2つが挙げられます。そして、後者の手法は、譲渡対象外の事業を時価で譲渡する手法と簿価で譲渡する手法がそれぞれ考えられます。

実務では、これらのうち、最も有利な手法を選択する必要があります。

譲渡対象外の事業を簿価で譲渡してから、不動産M&Aを行う手法を選択した場合には、被買収会社（分割法人）に残る資産および負債を調整することにより、被買収会社株式の時価と帳簿価額を調整することができるという特徴があります。

たとえば、譲渡の対象となる不動産の時価が1,000百万円、預かり保証金等の負債が300百万円であり、分割前の分割法人において550百万円の有利子負債があると仮定します。この場合に、分割承継法人にすべての有利子負債を移転するのであれば、被買収会社株式の譲渡代金は700百万円となるのに対し、被買収会社（分割法人）にすべての有利子負債を残すのであれば、被買収会社株式の譲渡代金は150百万円となります。なお、分割承継法人にすべての有利子負債を移転した場合に比べ、被買収会社（分割法人）にすべての有利子負債を残した場合には、被買収会社株式の譲渡代金が550百万円減少してしまいますが、分割承継法人の時価純資産価額が550百万円増加するという違いがあります。すなわち、被買収会社の株主が譲渡代金を受け取るのではなく、有利子負債の減少により、実質的に、分割承継法人が譲渡代金を受け取ったのに近い状態が生じます。

それでは、上記の事案において、被買収会社の株主における株式譲渡損益を0円にするためには、どのようにしたらよいのでしょうか。考えてみましょう。

第1節

　具体例①については、A社において受贈益の益金不算入（法法25の2）が適用されるため、2,200百万円（×1年3月期：500百万円、×2年3月期：1,000百万円、×3年3月期：700百万円）の繰越欠損金を引き継ぐことができます。すなわち、A社において損金の額に算入できる金額の総額は変わりませんが、貸倒損失、子会社整理損失として損金の額に算入されるのではなく、900百万円の繰越欠損金として引き継ぐため、繰越欠損金の発生年度が古くなります。

　そして、具体例②についても、A社において受贈益の益金不算入が適用されるため、2,200百万円（×1年3月期：500百万円、×2年3月期：1,000百万円、×3年3月期：700百万円）の繰越欠損金を引き継ぐことができます。そのため、P社において3,000百万円の損失を発生させたほうが有利になります。

　なお、寄附金として認定される事案というのは、子会社と新会社の同一性が排除されていない事案ということなので、税負担を減少させることが主目的であり、十分な事業目的が認められない場合には、同族会社等の行為計算の否認（法法132）が適用されるかどうかについて慎重に検討する必要があります。

第2節

　リゾート開発が失敗したことによりペーパー会社になった場合には、ペーパー会社を存続させる経済合理性はないことから、合併または清算により解散させるべきであるため、原則して租税回避には該当しないと考えられます。なお、多くの場合において清算を検討すると思いますが、完全支配関係が成立している場合には、清算であっても繰越欠損金を引き継げることから、適格合併により繰越欠損金を引き継いだとしても法人税の負担は減少しないため、租税回避には該当しないと思われます。

　これに対し、兄弟会社に適格合併により繰越欠損金を引き継ぐ場合には、本来であれば、親会社に繰越欠損金が引き継がれるべきところ、兄弟会社に引き継がれていることから、兄弟会社を合併法人とする適格合併を行う事業目的が必要になると思われます。一般的には、過去のリゾート開発に伴う残務処理や遊休不動産の有効利用を兄弟会社が行うことを事業目的として主張するケースが多くみられます。

第3節

　そもそもTPR事件については、平成22年度税制改正と矛盾していることから、平成22年度税制改正後の事件には射程が及ばないとする考え方が少なくありません。

　もし、平成22年度税制改正後の事件に射程が及ぶと解したとしても、別々に清算するよりも、合併することにより資産及び負債をまとめてから清算したほうが、清算手続が容易であることも少なくないため、合併後に清算することについて経済合理性が認められることも少なくありません。個別事案に応じて慎重な検討が必要にはなりますが、租税回避として認定することができない事案も多いと思われます。

第4節

　持株会社を債務超過にする手法が租税回避に該当するかどうかについては、実務家の中にも議論があります。持株会社を債務超過にしてから1年もしないうちに生前贈与をする場合や持株会社に実態がないような場合には、租税回避として認定される可能性は否定できません。

　これに対し、持株会社に実態を持たせた結果として、持株会社が債務超過になった場合において、経済合理性や事業目的が十分に認められるときは、租税回避として認定することが難しい事案も考えられます。

　このような問題は、類似業種比準方式を認めた弊害ともいえます。このような問題意識から、加藤浩「今後の取引相場のない株式の評価のあり方」税大論叢96号（令和元年6月28日発行）では、類似業種比準方式を廃止し、残余利益方式を導入することを提案しています。本論文は加藤氏の私見ではあることから、そのとおりに改正されることはないと思われますが、類似業種比準方式を利用した節税を税務当局が問題視していることから、財産評価基本通達が改正される可能性があるのかもしれません。

第5節

　事業承継税制は手間がかかることから、対象となる非上場株式の相続税評価額が一定金額以上にならないとメリットがないという意見が一般的です。一定金額がいくらなのかについては、1億円という人もいれば、5億円という人もいますが、いずれにしても、数千万円程度では、事業承継税制を適用する意味がないということがいえます。

　これに対し、平成31年度税制改正で導入された個人版事業承継税制については、この制度を利用するほどの規模になれば、法人化されていることが一般的です。そのため、個人版事業承継税制はほとんど利用されていません。

第6節

　中小企業者に該当させるためには、ＤＥＳにより増加した資本金の額を無償減資により減らす必要があります。

　もちろん、事業承継税制を適用した後に無償減資を行ってしまうと納税猶予が確定してしまいますが（本章第5節参照）、事業承継税制を適用する前に無償減資をすることについては、現行法上、特段の規制はありません。

第7節

　グループ通算制度を導入していない場合には、譲渡原価が70億円になるのに対し、グループ通算制度を導入している場合には、譲渡原価が30億円になるので、グループ通算制度を導入したことにより、株式譲渡益が40億円増加するという問題があります。

　なお、グループ通算制度の開始・加入に伴う時価評価を回避するためには、通算親法人との間の完全支配関係が継続することが見込まれている必要があります。すなわち、すべての資産および負債が時価評価されるのであれば、グループ通算制度に加入した時点の簿価純資産価額が70億円に引き上げられるため、上記のような問題は生じないのかもしれません。

　しかしながら、実務上、①グループ通算制度に加入した時点では通算親法人との間の完全支配関係の継続が見込まれていたが、後発事象により完全支配関係が継続しなくなった場合、②営業権のように時価評価の対象から除外される資産がある場合があるため、グループ通算制度を採用したことにより、株式譲渡益が増えてしまうという事例が生じることが考えられます。

第8節

　令和2年9月30日に公表された「『所得税基本通達の制定について』の一部改正について（法令解釈通達）の趣旨説明（資産課税課情報第22号）」5 - 7頁では、評価会社の子会社を小会社とみなし、かつ、当該子会社が保有する土地等および有価証券を時価で評価すべきことが明らかにされました。

第9節

　法人税法2条12号の16で規定されている株式交換等に含まれるスクイーズアウトは、最大株主等である法人または一の株主等である法人との間に完全支配関係を有することとなるものをいいます。

そのため、100％減資をした後に、スポンサーが増資を引き受ける場合には、最大株主等である法人との間に完全支配関係を有するのではなく、スポンサーとの間に完全支配関係を有することになるため、同号で規定されている株式交換等には含まれません。その結果、法人税法62条の9に規定されている時価評価課税の対象にはなりません（支配株主が変わることにより、支配関係内のスクイーズアウトには該当しないものの、そもそも「株式交換等」に該当しないことから、時価評価課税の対象にならないということになります。）。

　このように、スクイーズアウトではなく、100％減資をした後に、スポンサーによる増資を行うことにより、時価評価課税を回避することができます。

第10節

　国税庁ＨＰ質疑応答事例「被買収会社の従業員に付与されたストックオプションを買収会社が買い取る場合の課税関係」では、譲渡制限が解除された日において、給与所得等として課税されることが明らかにされています。

第11節

　この手法は、相続税または贈与税の負担を減少させる意図が明確であるといえます。さらに、経営者ではない相続人に株式を生前贈与したことにより、買収会社との株式譲渡契約の相手先が経営者ではない相続人になってしまい、経済合理性も認められません。

　そのため、租税回避として認定される可能性があるという見解もありますが、今のところ否認事例も公表されていないため、実務家の中でも見解が分かれています。

　帳簿価額修正により、被買収会社株式の帳簿価額が3,000百万円になることから、有利不利判定は以下のように変わります。

<法人税、住民税および事業税の課税関係>

(イ)被買収会社側の税負担

	株式譲渡方式	事業譲渡方式
被買収会社	株主が変わるだけなので、課税関係は発生しない。	事業譲渡益が6,000百万円発生する。 ⇒実効税率が30％なので、税負担は以下のとおり。 　6,000百万円×30％ 　＝1,800百万円の課税
被買収会社の株主	株式譲渡益について課税される。 ⇒実効税率が30％なので、税負担は以下のとおり。 　（譲渡価額－譲渡原価）×30％ 　＝（9,000百万円－3,000百万円）×30％ 　＝1,800百万円	受取配当等の益金不算入により課税されない。
合　計	税負担　1,800百万円	税負担　1,800百万円

(ロ)買収会社側の税負担

	株式譲渡方式	事業譲渡方式
買収会社	単なる株式の取得なので、課税関係は発生しない。	
事業譲受法人		資産調整勘定6,000百万円を認識したことにより、将来の課税負担が圧縮される。 ⇒実効税率が30％なので、税負担の軽減は以下のとおり。 　6,000百万円×30％ 　＝1,800百万円の税負担の軽減
合　計	税負担　0百万円	税負担　△1,800百万円

(ハ)合　計

	株式譲渡方式	事業譲渡方式	有利不利判定
被買収会社側	1,800百万円	1,800百万円	有利不利なし
買収会社側	0百万円	△1,800百万円	事業譲渡方式が有利
合　計	1,800百万円	0百万円	事業譲渡方式が有利

第13節

　被買収会社が3月決算法人である場合において、買収の日が×5年10月1日であるときは、×6年3月期が支配関係事業年度となります。実務上、役員退職慰労金の支払いを買収の日である×5年10月1日に行うことが多いため、役員退職慰労金から構成される繰越欠損金は支配関係事業年度以後の繰越欠損金となります。役員退職慰労金の支払いは、明らかに、資産の譲渡等により生じた損失ではないため、ユウタの言うように、特定資産譲渡等損失相当額から除外することができます。

　このように、特定資産譲渡等損失相当額から除外することができれば、みなし共同事業要件を満たしていなくても、被買収会社の繰越欠損金を買収会社に引き継ぐことができます。

第14節

　スクイーズアウトをする前に、持株会社と事業会社の合併を行うことにより、株式交換等完全子法人となる法人に従業者および事業が存在する状態にするという手法が考えられます。

　なお、このケースでは、持株会社に事業が存在しないことにより、第1章第12節において解説した欠損等法人に該当する可能性があります。そのため、持株会社の発行済株式総数の90％を取得する前に持株会社と事業会社の合併を行うことにより、被買収会社に事業が存在する状態にすることも検討すべきであると思われます。

第15節

　たとえば、分割前に被買収会社が150百万円を借りたうえで、分割型分割により分割承継法人に150百万円の預金を移転させた場合には、被買収会社（分割法人）における預かり保証金等の負債が300百万円、有利子負債が700百万円となり、不動産の時価に等しくなることから、被買収会社株式の時価が0円になります。

　さらに、被買収会社が150百万円の役員退職慰労金を支払うという手法も考えられます。ただし、被買収会社に役員退職慰労金を支払うための資金がないことから、M＆Aのタイミングで、買収会社が被買収会社に貸し付けることにより、役員退職慰労金を支払うという手法が考えられます。

■著者紹介―――――――――――――――――――――――――――――――――――――――

佐藤 信祐（さとう・しんすけ）

　公認会計士・税理士・博士（法学）

　平成11年　朝日監査法人（現有限責任あずさ監査法人）入社

　平成13年　勝島敏明税理士事務所（現デロイトトーマツ税理士法人）入所

　平成17年　公認会計士・税理士佐藤信祐事務所を開業、現在に至る。

　平成29年　慶應義塾大学大学院法学研究科後期博士課程修了（博士〔法学〕）

新版 サクサクわかる! 超入門 中小企業再編の税務

2021年6月25日　発行

著　者　　佐藤 信祐 ⓒ

発行者　　小泉 定裕

発行所　　株式会社 清文社

東京都千代田区内神田 1 - 6 - 6（MIF ビル）
〒101-0047　電話 03(6273)7946　FAX 03(3518)0299
大阪市北区天神橋 2 丁目北 2 - 6（大和南森町ビル）
〒530-0041　電話 06(6135)4050　FAX 06(6135)4059
URL https://www.skattsei.co.jp/

印刷：大村印刷㈱

ISBN978-4-433-71051-4